**Böhlau**

Elisabeth Grünberger · Alexandra Löw-Wirtz

# AGE-NETWORK

Anforderungsprofil an Praktikumsstellen
in Alten- und Pflegeheimen

BÖHLAU VERLAG WIEN · KÖLN · WEIMAR

Dieses Buch ist mit dem
*Ignatius Nascher Preis 2007* der Stadt Wien
für Geriatrie ausgezeichnet worden.

Bibliografische Information der Deutschen Nationalbibliothek
Die Deutsche Nationalbibliothek verzeichnet diese Publikation in der
Deutschen Nationalbibliografie; detaillierte bibliografische Daten sind
im Internet über http://dnb.d-nb.de abrufbar.

ISBN 978-3-205-77636-9

Das Werk ist urheberrechtlich geschützt. Die dadurch begründeten Rechte,
insbesondere die der Übersetzung, des Nachdruckes, der Entnahme von Abbildungen,
der Funksendung, der Wiedergabe auf fotomechanischem oder ähnlichem Wege,
der Wiedergabe im Internet und der Speicherung in Datenverarbeitungsanlagen,
bleiben, auch bei nur auszugsweiser Verwertung, vorbehalten.

© 2007 by Böhlau Verlag Ges.m.b.H. und Co.KG, Wien · Köln · Weimar
http://www.boehlau.at
http://www.boehlau.de

Gedruckt auf umweltfreundlichem, chlor- und säurefrei gebleichtem Papier.

Printed in Europe: Prime Rate – Budapest

Im Spätherbst, wenn sich die Nebel an Tagen nicht lichten wollen,
erquickt dich bewusst der Schein der Sonne, wenn sie Nebel durchbricht.
Sie brennt nicht mehr heiß, wie früher
ihre Wärme umfasst dich gleichmäßiger.

Im Spätherbst bleiben die Gewitter aus
kein Blitz, kein Donner, kein Hagel
du gehst durch dünnen Regen und sanftes Licht.
Wenn der Winter naht, wird der Nebel dichter
glücklich der, der diese Zeit nicht einsam durchwandert.

R. G.

# Inhalt

Vorwort 1 . . . . . . . . . . . . . . . . . . . . . . . . . 11

Vorwort 2 . . . . . . . . . . . . . . . . . . . . . . . . . 15

Einleitung . . . . . . . . . . . . . . . . . . . . . . . . 17

I. Grundsätzliche Gedanken über das Altern . . . . . . . . . . . . 19

II. Altersstufen und Entwicklungsmodelle . . . . . . . . . . . . . 21
   1. „Entwicklungen im späten Leben" . . . . . . . . . . . . . . 24
   2. Die Verluste im Alter . . . . . . . . . . . . . . . . . . . 26
   3. Die speziellen Problemstellungen im Alter . . . . . . . . . . 28

III. Grundsätzliche Überlegungen zur psychosozialen Betreuung
    alter Menschen . . . . . . . . . . . . . . . . . . . . . . 31
   1. Definition von psychosozialer Betreuung . . . . . . . . . . 31
   2. Gründe für psychosoziale Betreuung in Alten- und
      Pflegeheimen . . . . . . . . . . . . . . . . . . . . . . . 34
   3. Differenzierte Ressourcen von psychosozialer Betreuung . . . 37

IV. Die gerontopsychosoziale Praktikumsstelle . . . . . . . . . . . 39
   1. Entstehung und Grundgedanken . . . . . . . . . . . . . . 39
   2. Das Böhmer-Laufer Psychosoziale Praktikum (BLPP) im
      Sanatorium Maimonides-Zentrum, Wien . . . . . . . . . . 40

3. Das Gerontopsychosoziale Praktikum (GPP) im Haus
Theaterpark, Niederösterreich . . . . . . . . . . . . . . . . . 42

V. Die gesetzlichen Auflagen für die Gründung einer Praktikumsstelle 45

VI. Ziele der Praktikumsstelle . . . . . . . . . . . . . . . . . . . . . . 47

VII. Anforderungen an die PraktikantInnen . . . . . . . . . . . . . 49
   1. Das Aufnahmeverfahren . . . . . . . . . . . . . . . . . . . . 49
   2. Inhaltliche Richtlinien der Betreuungsformen . . . . . . . . 50
   3. Das Dreiphasenmodell in der Einzelbetreuung als Richtlinie
   des psychosozialen Betreuungsprozesses . . . . . . . . . . . 52
   4. Urlaub oder temporäre Abwesenheit der PraktikantIn . . . . 55
   5. Praktikumsbegleitende psychosoziale Tätigkeiten . . . . . . . 56
   6. Die Dokumentationen im Rahmen des Praktikums . . . . . 59
   7. Verschwiegenheitspflicht aus dem BGBL . . . . . . . . . . . 62

VIII. Biografie- und Erinnerungsarbeit . . . . . . . . . . . . . . . . 65
   1. Ziel von Biografie- und Erinnerungsarbeit . . . . . . . . . . 65
   2. Auswirkungen von biografischer Erinnerungsarbeit . . . . . 66
   3. Der Zeitzeugenbericht . . . . . . . . . . . . . . . . . . . . . 68

IX. Anforderungen an die Leitung von Praktikumsstellen . . . . . . 71

X. Fort- und Weiterbildung . . . . . . . . . . . . . . . . . . . . . . 75
   1. Blockveranstaltungen . . . . . . . . . . . . . . . . . . . . . 76
   2. Externe Fortbildungen . . . . . . . . . . . . . . . . . . . . . 77

XI. Methodenspezifische Ansätze in der gerontopsychosozialen
Betreuung . . . . . . . . . . . . . . . . . . . . . . . . . . . . . . 79
   1. Die Katathym-Imaginative Psychotherapie . . . . . . . . . . 80
      1.1 Selbsterfahrung zum Thema Altern mit der Methode KIP. 81
   2. Die psychotherapeutische Körper- und Bewegungsarbeit . . . 83
      2.1 Ein positives Körperbild des Alterns . . . . . . . . . . . . 83
      2.2 Selbsterfahrung zum Thema Körperbild . . . . . . . . . . 85
      2.3 Der Körper als Ausdruck in der Beziehungsgestaltung . . . 86

2.4 Bewegungsstörungen . . . . . . . . . . . . . . . . . 88
2.5 Der alternde Körper . . . . . . . . . . . . . . . . . . 88

XII. Validation . . . . . . . . . . . . . . . . . . . . . . . . . . 91

XIII. Supervision . . . . . . . . . . . . . . . . . . . . . . . . 97

XIV. Die PraktikantIn als seelischer Mentor . . . . . . . . . . . 101
1. Abschiednehmen und Trennung . . . . . . . . . . . . . 103

XV. Die Praktikumsstelle – ein Ort des Lernens und der persönlichen Reifung . . . . . . . . . . . . . . . . . . . . . . 105
1. Allgemeine Erfahrungen aufgrund des Praktikumsmodells . 106
2. Erfahrungen im Betreuungsprozess . . . . . . . . . . . . 107
3. Persönliche Erfahrungen . . . . . . . . . . . . . . . . . 109

XVI. Bedürfnisse und Wünsche der HeimbewohnerInnen . . . . . 111

XVII. Psychosoziale Unterstützung der (pflegenden) Angehörigen . 115
1. Unterstützung für pflegende Angehörige . . . . . . . . . 117
2. Der Eintritt ins Alten- und Pflegeheim . . . . . . . . . . 118
3. Angehörigenberatung durch die gerontopsychosoziale Praktikumsstelle . . . . . . . . . . . . . . . . . . . . . . 119

XVIII. Das Gerontopsychosoziale Praktikum (GPP) aus Sicht der Pflegedienstleitung im niederösterreichischen Landespflegeheim Berndorf . . . . . . . . . . . . . . . . . 121

XIX. Das Gerontopsychosoziale Praktikum (GPP) aus Sicht der Heimleitung . . . . . . . . . . . . . . . . . . . . . . . 131

XX. Das Böhmer-Laufer Psychosoziale Praktikum aus Sicht des ärztlichen Leiters . . . . . . . . . . . . . . . . . . . . . . 141

XXI. Fallbeispiele . . . . . . . . . . . . . . . . . . . . . . . . 145
1. Psychosoziale Betreuung einer Alzheimer Patientin . . . . 145

2. Psychosoziale Betreuung einer paranoid misstrauischen
Patientin . . . . . . . . . . . . . . . . . . . . . . . . . 149
3. Psychosoziale Betreuung einer aggressiven, sehr fordernden
Patientin . . . . . . . . . . . . . . . . . . . . . . . . . 155
4. Auswertung der Fallbeispiele hinsichtlich des
Praktikumsmodells . . . . . . . . . . . . . . . . . . . 182

XXII. Vom Praktikumsmodell zur Integration in ein Alten- und
Pflegeheim. . . . . . . . . . . . . . . . . . . . . . . . . 185
  1. Die Beziehung zwischen Beratung/Psychotherapie und
Pflege . . . . . . . . . . . . . . . . . . . . . . . . . . . 186
  2. Gemeinsamkeiten beziehungsweise Unterschiede von
Pflegenden und PraktikantInnen/PsychotherapeutInnen
im Umgang mit alten Menschen . . . . . . . . . . . . 189

XXIII. Statistische Daten der Praktikumsstellen . . . . . . . . . . 191
  1. Diagramme . . . . . . . . . . . . . . . . . . . . . . . 192
  2. Infrastruktur der Praktikumsstellen . . . . . . . . . . . 194
  3. Evaluierung der Betreuungsstunden . . . . . . . . . . 195

XXIV. Wissenschaftliche Forschung im Praktikum. . . . . . . . . 205
  1. Wissenschaftliche Arbeiten . . . . . . . . . . . . . . . 205
  2. Forschungsstand zum Böhmer-Laufer Psychosozialen
Praktikum im Sanatorium Maimonides-Zentrum . . . . 208

XXV. Ausblick . . . . . . . . . . . . . . . . . . . . . . . . . . 219

**Danksagung** . . . . . . . . . . . . . . . . . . . . . . . . . 221

**Die Autorinnen** . . . . . . . . . . . . . . . . . . . . . . . 223

**Literaturangaben** . . . . . . . . . . . . . . . . . . . . . . 225

## Vorwort 1

Im Jahre 1988, dem 50-jährigen Gedenkjahr des Anschlusses Österreichs an das nationalsozialistische Deutsche Reich, hat eine Schweizer Produktion im Sanatorium Maimonides-Zentrum einen Dokumentarfilm mit den HeimbewohnerInnen gedreht: „Was geht mich der Frühling an ..." (Regie Heinz Bütler). Meine Aufgabe war das Erstellen des Drehbuchs. So kam es, dass ich viele Stunden, Tage und Monate im Gespräch mit den damaligen HeimbewohnerInnen verbracht habe.

Nach Abschluss der Dreharbeiten war ich so fest mit dem Haus und den Menschen verbunden, dass ich weiter regelmäßig zu Besuch kam. Aufgrund des inzwischen bestehenden Vertrauens entwickelte sich eine Vermittlungsposition zwischen HeimbewohnerInnen, MitarbeiterInnen und der Leitung des Hauses. Schließlich wurde ich gebeten, Ombudsfrau zu werden. So wurde das Sanatorium Maimonides-Zentrum ein fester Bestandteil meines Lebens.

Aus den sehr regelmäßigen Gesprächen mit den alten Menschen wurde mir sehr bald klar, dass eines der Hauptprobleme des Heimlebens, aber auch einfach des höheren Lebensalters, in einer wachsenden Distanz zum „normalen Leben" – Zuhause, Beruf, Freizeit, Familie, Freunde – liegt. Im Sanatorium Maimonides-Zentrum ganz besonders, weil ja die meisten Menschen Vertriebene waren/sind, oft aufgrund der Lebensumstände keine Kinder oder Verwandte haben oder aber diese ermordet wurden oder fluchtbedingt auf anderen Kontinenten leben.

Zu dieser Distanz kam dann eben noch diese tiefe Einsamkeit hinzu.

Die Menschen lebten in ihren Zimmern, hatten wenig Kontakt zueinander, als hätten sie es verlernt, andere kennenzulernen, mit ihren MitbewohnerInnen Freundschaften aufbauen zu können. Bis auf einige Streitereien war es im gemeinsamen Speisesaal ziemlich still.

Im Zuge der regelmäßigen Treffen mit der Heimleitung über die diversen Anliegen der HeimbewohnerInnen und MitarbeiterInnen kam natürlich auch das dann zur Sprache.

„Sauber und satt" (und möglichst ruhig) als (unausgesprochenes) Motto in der Langzeitpflege wollten wir alle nie mehr denken oder hören und schon gar nicht praktizieren. Da waren wir uns alle einig – Verwaltung, ärztliche Leitung, Pflegedienstleitung.

Gemeinsam mit dem damaligen ärztlichen Leiter, Dr. Jonas Zahler, Mag. Evelyn Böhmer-Laufer und Elisabeth Grünberger, die damals als Körper- und Bewegungstherapeutin tätig war, wurde ein erstes Konzept erarbeitet, das den alten Menschen ermöglichen sollte, Kontakt mit dem „normalen Leben" zu halten, regelmäßig mit Menschen zu reden, die keine pflegerischen Funktionen im Heim haben, die jünger sind und voll im Leben stehen.

Es ging einerseits darum, die Einsamkeit der Menschen zu lindern. Andererseits meinten wir auch, dass die alten Menschen durch regelmäßige Kontakte mit Jüngeren gewissermaßen wieder lernen könnten, neue Beziehungen zu knüpfen, und in einem weiteren Schritt auch mit ihren MitbewohnerInnen im Heim leichter Kontakt aufnehmen und Freundschaften schließen könnten.

Das Besuchsteam von damals hatte einen fixen Terminplan und wöchentliche professionelle Supervision. Zusätzlich wurde eine wöchentliche „Hausversammlung" angeboten, an der HeimbewohnerInnen sowie Vertreter aus allen Personalbereichen des Hauses teilnahmen.

Mit der Zeit stellte sich heraus, dass es aus verschiedenen Gründen besser wäre, die Besuchsdienste professioneller zu gestalten und von Laien zu Psychotherapeuten in Ausbildung überzugehen.

Als Nachfolgerin von Mag. Evelyn Böhmer-Laufer im Jahre 1997 entwickelte Elisabeth Grünberger ein Konzept für ein Praktikum für angehende PsychotherapeutInnen und PsychologInnen. Die nachfolgende Zusammenarbeit mit Alexandra Löw-Wirtz konnte dieses Konzept in seiner Qualität und Umsetzung positiv und nachhaltig bereichern. Das daraus entstandene Böhmer-Laufer psychosoziale Praktikum, das im vorliegenden Buch vorgestellt wird, ist inzwischen seit fünfzehn Jahren ein fester Bestandteil des gesamten und ganzheitlichen Betreuungsnetzwerks im Sanatorium Maimonides-Zentrum.

Natürlich hat es anfangs auch schwierige Zeiten gegeben, Interessen- und Terminkollisionen mit dem Pflegeteam, der Verwaltung. Da waren Leute auf den Stationen unterwegs, die mit Patienten weggingen, in den Garten, ins Kaffeehaus. Es hat eine Zeit gedauert, bis bemerkbar wurde, dass sich in den gesamten Abläufen schrittweise einiges verändert hatte, seitdem die HeimbewohnerInnen und PatientInnen auf den Bettenstationen noch andere Ansprechpartner hatten als „ihre Ärzte und Schwestern".

Die PraktikantInnen hatten nicht nur eine „therapeutische" Funktion, sondern wurden sehr rasch auch zu KommunikatorInnen, die Beobachtungen und Anregungen weitergeben und sich mit großem Engagement für ihre Schützlinge einsetzen.

So ist aus einem Versuch, das Leben (und die Betreuung) im Alten- und Pflegeheim um die seelische Dimension zu erweitern, eine Institution geworden, die im Sanatorium Maimonides-Zentrum niemand mehr missen möchte und seit Jahren auch in einem weiteren Heim, dem „Haus Theaterpark" NÖ, erfolgreich arbeitet.

Patricia Kahane

## Vorwort 2

Ich kenne Frau Elisabeth Grünberger seit fünfzehn Jahren und durfte sie bei ihrer beruflichen Tätigkeit und Entwicklung begleiten.

Den Zugang zur Arbeit mit alten Menschen fand sie im Sanatorium Maimonides-Zentrum Wien über ihr Angebot von Körpertherapie und der Erfahrung, damit Kontakt mit den Senioren bei Zuständen wie Demenz und Sprachlosigkeit herstellen zu können.

Nach kurzer Tätigkeit im Sanatorium Maimonides-Zentrum übernahm sie die Leitung des von Frau Mag. Böhmer-Laufer begründeten Projekts eines psychosozialen Praktikums im Gerontobereich.

Ihre damit verbundene Verantwortlichkeit für Betreuer und Betreute in diesem Bereich hat sie mit Engagement und Energie wahrgenommen. Ihr Zugang zu den alten Menschen in der Heimbetreuung war und ist sehr auf die einzelnen Personen und deren spezifische Bedürfnisse abgestimmt, sie sieht jeden dieser Menschen als besonderes Individuum in seiner Einzigartigkeit und vermeidet Generalisierungen und allgemeine Zuschreibungen. Es ist ihr dabei besonders wichtig, diese Haltung an PraktikantInnen für Berufe im psychosozialen und psychotherapeutischen Bereich weiterzugeben und sie für die Bedeutung dieser Einstellung zu sensibilisieren.

Dieselbe Reflexion und Beachtung von speziellen Bedürfnissen der PraktikantInnen zeigt Frau Grünberger auch beim Aufbau und der Durchführung der Praktika. Die PraktikantInnen erhalten nicht nur ein klares Betreuungskonzept für ihre Tätigkeit, sondern auch persönliche Unterstützung und Hilfestellung bei ihrer Arbeit.

Die näheren Ausführungen zu diesen angeführten Themen sowie die praktische Umsetzung stellen Frau Grünberger und Frau Löw-Wirtz in dem vorliegenden Buch Age-Network vor, wobei schon dieser Titel die enge Verknüpfung von Betreuern und Betreuten zeigt und die konkrete und anschauliche Darstellung der Durchführung bringt.

Ich wünsche dem vorliegenden Buch im Interesse des Themas weite Verbreitung.

Dr. Anneliese Schigutt<br>
Psychotherapeutin<br>
Lehrtherapeutin für Psychodrama und Systemische Familientherapie

# Einleitung

Studierende unterschiedlicher Studienrichtungen sowie Personen, die eine gezielte Berufsausbildung begonnen haben, benötigen im Laufe ihrer Studien- beziehungsweise Ausbildungszeit ein verpflichtendes Praktikum. Es bleibt meist dem Zufall überlassen, ob sie einen Praktikumsplatz erhalten, der ihnen die notwendige Struktur und Anleitung gibt, um optimal vorbereitet zu werden.

Dieses Buch ist einerseits für all jene Institutionen gedacht, die Studierenden ein erprobtes und bewährtes Praktikumsmodell zur Verfügung stellen wollen, und ist andererseits für all jene StudentInnen und in Ausbildung befindlichen Personen geschrieben, die durch ein Praktikum ihre Fähigkeiten entwickeln und vertiefen wollen, um so professionell und zielgerichtet auf ihren zukünftigen Beruf vorbereitet zu werden.

Erstmals erfährt hier die verpflichtende, unbezahlte Tätigkeit der Studierenden, die sie über viele Monate hindurch neben ihrem Studium leisten, eine Qualitätsbeschreibung und gibt Auszubildenden und LeiterInnen praktische „Werkzeuge" in der Führung und Begleitung der StudentInnen in die Hand.

Das hier dargestellte Praktikumsmodell bezieht sich auf den gerontologischen Bereich, ist aber aufgrund seiner durchdachten Struktur auf fast alle Bereiche auszudehnen.

Unsere Erfahrungen beruhen auf einer langjährigen Tätigkeit im Altenheim und wir möchten Sie, liebe LeserIn, auch ein wenig auf das Thema Altern einstimmen.

Es ist kein leichter Entschluss, den Lebensabend in einem Alten- beziehungsweise Pflegeheim zu verbringen. Und selbst wenn das neue Zuhause so gut wie möglich an die Bedürfnisse des alten Menschen angepasst ist, so können die neue Umgebung und der Verlust sozialer Beziehungen zu psychischen Problemen führen.

Oft werden diese dadurch verschärft, dass viele unter einer zunehmenden Einschränkung geistiger, körperlicher und sozialer Fähigkeiten leiden. Einsamkeit, Isolation und das Gefühl der Sinnlosigkeit sind die Folge.

Alte Menschen, die in diese Situation geraten, brauchen eine intensive Begleitung und Betreuung. Um ihnen zu helfen, ist es notwendig, ein emotionales Bezugssystem aufzubauen, das auf Vertrauen und Kontinuität beruht.

So kann es gelingen, die geistigen, sozialen und emotionalen Fähigkeiten der alten Menschen zu stützen und zu stärken, auch diesen Lebensabschnitt als Herausforderung zu sehen. Das wiedergewonnene Selbstbewusstsein und die Selbstbestimmung können psychiatrische Maßnahmen reduzieren.

Allerdings ist das Pflegepersonal in Alten- und Pflegeheimen bei aller Qualifikation oft überfordert, muss es sich doch gleichermaßen um alle HeimbewohnerInnen der Institution kümmern. Die Betreuung kann daher so nie wirklich intensiv gewährleistet werden. Hinzu kommt, dass die Überlastung des Pflegepersonals oft zu einem Burn-out führen kann. Deshalb muss nicht nur das Angebot an Pflegekräften steigen, sondern ebenfalls die Anzahl an psychosozialer Betreuung.

Gerontopsychosoziale und gerontopsychotherapeutische Betreuung kann hier positive Akzente setzen und eine deutliche Entlastung der Alten- und Pflegeheime erzielen – zum Wohle aller. Die Autorinnen beziehen sich in ihren Ausführungen ausschließlich auf die gerontopsychosoziale Betreuung und verzichten bewusst auf Darstellungen rund um das Thema Gerontopsychotherapie.

Die Autorinnen verwenden in diesem Buch einheitlich die weibliche Form.

# I. Grundsätzliche Gedanken über das Altern

> Zusammenfassung
>
> Demographische Entwicklung
> Anstieg von Depressionen und Demenz im Alter
> Fehlende Angebote von psychosozialer Betreuung

Die Lebenserwartung der Bevölkerung steigt, die Altersverteilung in Österreich verschiebt sich weiter in Richtung höherer Altersgruppen. Lag die Zahl der 90-Jährigen im Jahr 2000 noch bei 42.000, wird sie sich bis 2050 auf rund 175.000 mehr als vervierfachen. Zwei Hauptprobleme sind nur eine Folge dieser Entwicklung: Demenzen und Depressionen werden zu Volkskrankheiten.

Schon heute leiden in Österreich rund 800.000 Menschen an Depressionen, viele davon sind alte Menschen (Quelle: World Health Organisation, WHO), und auch Demenzerkrankungen werden immer häufiger diagnostiziert.

Am Beispiel Morbus Alzheimer verdoppelt sich derzeit alle fünf Jahre die Anzahl der von dieser Demenzerkrankung Betroffenen – bis 2050 werden mehr als eine Viertelmillion Menschen von dieser Krankheit betroffen sein.

Es ist also dringend notwendig, sich mit adäquaten Betreuungsformen in Alten- und Pflegeheimen auseinanderzusetzen.

Sigmund Freud schrieb 1905:

> „Das Alter der Kranken spielt bei der Auswahl zur psychoanalytischen Behandlung insofern eine Rolle, als bei Personen über 50 Jahre einerseits die Plastizität der seelischen Vorgänge zu fehlen pflegt, auf welche die Therapie rechnet – alte Leute sind nicht mehr erziehbar – als anderseits das Material, welches durchzuarbeiten ist, die Behandlungsdauer ins Unabsehbare verlängert."

Die Wissenschaft, speziell die Gerontologie, hat erstaunliche Ergebnisse vorzuweisen, die belegen, dass der Mensch bis in das hohe Alter wandlungs-, wachstums- und reifefähig ist, trotz nachlassender Kräfte. Allerdings ist das Angebot an psychosozialer und psychotherapeutischer Betreuung nur in wenigen Alten- und Pflegeheimen verankert. Die Betroffene ist dazu von einer unüberschaubaren Zahl von TherapeutInnen und Therapierichtungen umgeben und hat daher Scheu, Hilfe dieser Art in Anspruch zu nehmen, zumal sie oft den Unterschied zwischen Psychotherapie, psychosozialer Betreuung, Psychologie und Psychiatrie nicht kennt. Es ist nicht das Lebensalter, das darüber entscheidet, ob eine Behandlung von Erfolg gekrönt ist. Es sind dies: die Dauer der psychischen Störung, der Allgemeinzustand und Leidensdruck der PatientIn und die soziale Umgebung, die maßgeblichen Einfluss auf eine erfolgreiche Therapie und Betreuung haben.

Obwohl sich in den diversen Therapierichtungen immer mehr TherapeutInnen um ein positives Altersbild bemühen, sei jedoch auch der ökonomische Aspekt zu erwähnen, der aus der Beschäftigung mit der älteren Gesellschaft resultiert.

Leider gibt es noch immer eine Reihe von Barrieren, die den Zugang zu einer qualifizierten gerontopsychotherapeutischen Betreuung und Behandlung erschweren.

Diese werden nicht nur in einer mangelnden Versorgungsqualität sichtbar, sondern auch in einer ethisch nicht vertretbaren Kommunikationsform über das Thema Altern, in der es immer noch den Andern und nicht einen selbst betrifft. An dieser Haltung wird in vielen Bereichen festgehalten. Wir sehen das am Beispiel der Anti-Aging-Kampagnen, am fehlenden Mitspracherecht der Betroffenen bei politischen Entscheidungen, aber auch bei den Themen illegale Pflege und Pflegenotstand.

## II. Altersstufen und Entwicklungsmodelle

> Zusammenfassung
>
> Altersstufen
> Das Altern und seine Entwicklungsmöglichkeiten
> Die Verluste im Alter
> Spezielle Problemstellungen im Alter – Wichtigkeit von Differentialdiagnosen

Neben unterschiedlichen Erklärungs- und Einteilungsmodellen verdeutlicht das von H. Radebold (1979) entwickelte Altersstufenmodell (Tabelle 1) unser Thema am besten:

**Die Altersstufen**

| Stufe | Alter | Motto |
|---|---|---|
| 1. | 50–65 | Vorbereitung auf das Alter |
| 2. | 65–75/85 | Rüstiges Alter |
| 3. | darüber | Hohes Alter |

In jeder dieser Altersstufen muss der Mensch verschiedene psychosoziale Aufgaben bewältigen.

1. Stufe: Vorbereitung auf das Alter 50–65 Jahre
– die Kinder verlassen das Haus, die Ehe, beziehungsweise die Zweierbeziehung muss neu definiert werden

- die bevorstehende Pensionierung
- die Auseinandersetzung mit den körperlichen Veränderungen, dem Älterwerden und seinen Konsequenzen
- die Bewältigung der narzisstischen Kränkungen

2. Stufe: Rüstiges Alter 65–75/85 Jahre
- die Akzeptanz des Älterwerdens
- die Adaptierungen im Alltagsleben
- das Planen des Ruhestands, eventuell gemeinsam mit dem Partner
- die Ziel- und Sinnfindung für den bevorstehenden Ruhestand
- die Akzeptanz der vielfältigen Verluste von Arbeitskollegen, Freunden, Partnern und Kindern

3. Stufe: Hohes Alter 85+ Jahre
- die Konfrontation mit möglicher Krankheit und Einsamkeit
- die Auseinandersetzung mit körperlichen Einschränkungen, das heißt auch mit der eingeschränkten Mobilität und der zunehmenden Abhängigkeit
- die Akzeptanz der Verluste von Partnern und Freunden
- die möglicherweise notwendig gewordene Übersiedlung in ein Alten- und Pflegeheim
- die Auseinandersetzung mit dem Sterben und dem Tod

Alt werden ist ein fließender Prozess. Alt ist der Mensch aber erst dadurch, dass er den psychosozialen Aufgaben der jeweiligen Altersstufe nicht mehr ausreichend nachkommen kann beziehungsweise vorhandene Ressourcen nicht nützen kann.

Mittlerweile dauert der Lebensabschnitt „Alter" länger als die Kindheit, die Pubertät und Adoleszenz zusammen. Und gerade in diese Zeit fallen unter anderem eben auch vielfältige Verluste, wie beispielsweise das körperliche Wohlbefinden, das sich wiederum auf die psychische Befindlichkeit auswirkt und umgekehrt.

Das wir heute mit dem Begriff „Altern" auch Herausforderung und Chance verbinden, wäre vor hundert Jahren kaum denkbar gewesen, denn die damalige durchschnittliche Lebenserwartung betrug etwa vierzig Jahre. Heute lebt der Mann durchschnittlich 76,43 und die Frau 82,14 Jahre.

Beim Eintritt in die Lebensphase „Altern" haben also die meisten Menschen noch rund ein Drittel des Lebens vor sich.

Mit zunehmendem Alter nimmt der Anteil der Alleinstehenden ebenfalls zu, was nicht nur auf den Tod des Partners zurückzuführen ist, sondern auch auf die Tatsache, dass der Mehrgenerationenhaushalt kaum mehr vorhanden ist. Das Alleinleben bringt zwangsläufig, aber nicht unbedingt Vereinsamung und Isolation mit sich. Viele sind nicht auf die veränderte Lebenssituation vorbereitet und haben auch nicht gelernt, wie sie diese Umstände verändern können. Heute leben vorwiegend alte Frauen alleine, die aufgrund geringer finanzieller Mittel unter denkbar schlechten Bedingungen existieren müssen. Sie hatten häufig keinen Beruf oder nur eine geringe Ausbildung, waren mit Haushalt und Kindererziehung beschäftigt und der Mann hat alle Alltagsdinge geregelt. Die kleine Pension des verstorbenen Gatten reicht oft nicht für die lebensnotwendigen Dinge, geschweige denn für eine aktive Freizeitgestaltung oder die Teilnahme an einem kulturellen Leben. Die Generation der 60er und 70er Jahre, die 2030 alt sein wird, ist da schon emanzipierter.

Gerontologische Längsschnittuntersuchungen haben ergeben, dass das Verhalten und Erleben eines Menschen über weite Abschnitte des Lebenslaufes gleich bleibt. Die Art und Weise, wie wir uns in frühen Lebensphasen mit Aufgaben und Belastungen auseinandergesetzt haben, wird großen Einfluss darauf haben, wie wir uns mit den späteren Lebensanforderungen auseinandersetzen. Die Gestaltung der Bedingungen für ein zufriedenes Altern soll also weit vor dem 60. Geburtstag beginnen, wo wir noch flexibel genug sind, Neues zu erlernen und zu integrieren.

Viele Menschen kümmern sich zuwenig darum, Beziehungen zu gestalten und zu pflegen. Die Werbung ist voll von Anti-Aging-Produkten und Pensionsvorsorgemodellen. Dabei ist ein zwischenmenschlich stabiles Netz genauso wichtig wie die finanzielle Absicherung.

Als wesentliche Punkte zur Realisierung einer positiven Bewältigung des Alterns seien die Überlegungen von L. Rosenmayr „Entwicklungen im späten Leben" (2003) besonders erwähnt.

## II.1 „Entwicklungen im späten Leben"
L. Rosenmayr (2003)

**Die wesentlichen Punkte zur Realisierung einer positiven Entwicklung im späten Leben**

- die Arbeit am Ich
- Definieren von neuen Werten
- Sinnentwürfe und Beharrlichkeit
- Wandlungspotenziale im späten Leben
- Wachstum von Seele und Geist
- Aktivierung mit ausgewählten bejahenden Zielsetzungen
- Kulturelle Angebote, die zu souveränen Lebensformen führen oder jene zumindest anregen
- Soziale Brücken für die Rezeption dieser Angebote
- Lebensentwicklung
- im Altern ist Wachstum möglich:
- Vertiefung – Intensitätsgewinne, stärkere Ich-Nähe, verringerte Ambivalenz
- Erweiterung – Zuwachs von Vergleichsmöglichkeiten durch Erfahrung, Mehrung alternativer Strategien, mehr Akzeptanz von Kritik, Großzügigkeit, Verbesserung im Ertragen von Andersartigkeit
- Kreativität und Ordnungsfindung
- Selbstrealisierung im Generationenkontext

**Die Arbeit am ICH**
Selbstbesinnung und meditative Grundhaltung sind wesentliche Fundamente, die in einem „erfüllten Altern" nicht fehlen dürfen. Rosenmayr sieht die Gewinnung des Zugangs zu einem unbeirrbaren „Bei-sich-Sein" und „Sich-Nicht-Preisgeben" als das wichtigste Ziel im Alter.

**Definieren von neuen Werten**
Die Generationenfolge erfordert, dass der Wert des Alterns immer wieder neu definiert werden soll. Dies bedeutet ein Leben mit Widersprüchen, mit teilweise unveränderlich lebenswirksam gewordenen Irrtümern und

Fehlern zu leben. Hier gilt es die Kluft zwischen Wunsch und Erfüllung zu überwinden.

**Sinnentwürfe und Beharrlichkeit**
Eine Sinngebung von eigenem Handeln schafft Änderungsspielraum für den Menschen, wobei man nicht sein ICH, aber seine Ziele verändern kann.

**Wandlungspotenziale im späten Leben**
Reifung ist in jedem Alter, auch in späten Jahren, möglich und wir können jederzeit korrigieren, was wir von uns erwarten. Wir bleiben dieselben, können uns aber wandeln. Individuation und Transformation als Ausdruck eines schöpferischen Prozesses sind unversiegbare Quellen unseres Selbst.

**Wachstum von Seele und Geist**
Einbrüche im eigenen Lebenslauf könnten statt als Bedrohung der Person als Herausforderung und Chance gesehen werden, kreativ „bewältigt" werden und neue Zielsetzungen aktivieren. Hierzu zählen auch kulturelle Angebote und soziale Kontakte.

**Lebensentwicklung**
Durch die stärkere Ich-Nähe entstehen Vertiefung und Intensitätsgewinne im Wachstum. Eine verringerte Ambivalenz fördert die Akzeptanz von Kritik, Großzügigkeit und das Ertragen von Andersartigkeit. Entwicklungsgewinne können künstlerische, wissenschaftliche wie auch kreative Tätigkeiten einschließen.

**Kreativität und Ordnungsfindung**
Geistige und emotionale Entfaltung fördert den Hoffnungsaspekt im Alterungsprozess.

**Selbstrealisierung im Generationenkontext**
Durch Eigenbestimmung und Neuorientierung im Dialog mit Jüngeren kann sowohl materiell als auch ideell das Selbst in der Generationenfolge sinnvoll realisiert werden.

Unser Konzept der Praktikumsstellen ist so aufgebaut, dass den vorgestellten Altersstufen und Modellen Rechnung getragen wird. Die förderlichen Aspekte einer psychosozialen Betreuung, wie wir sie in diesem Buch vorstellen, unterstützen die persönliche Entwicklung der HeimbewohnerInnen. Durch den Kontakt PraktikantIn/HeimbewohnerIn entsteht ein Generationendialog, in dem die angesprochenen Themen kommuniziert und reflektiert werden. Die meist jüngeren PraktikantInnen stellen einen Bezug zur älteren Generation dar. Die Kontinuität und Stabilität dieser psychosozialen Betreuung trägt zur emotionalen Entfaltung der HeimbewohnerInnen bei und fördert den Hoffnungsaspekt.

„Am Abend eines Lebens werden die großen und wichtigen Dinge eines Lebens klarer, so wie in der Landschaft die Linien klarer werden. Unsere Waage wird zuverlässiger und gerechter, und sie wird auch milder. Und milder wird auch die Trauer um die große Erkenntnis, dass wir aufhören müssen Mensch zu sein, gerade in dem Augenblick, indem wir begonnen haben, es zu werden."

Ernst Wichert

## II.2 Die Verluste im Alter

Vielfältige Verluste im Alter können die narzisstische Stabilität bedrohen, besonders wenn verlässliche innere Objekte fehlen. Der junge Mensch erlebt eine ständige Ausdifferenzierung seiner Fertigkeiten, er entwickelt sich weiter, hat scheinbar unbeschränkt viel Zeit, die sozialen Beziehungen sind vielfältig und körperliche Erkrankungen werden schnell ausgeheilt. Der alternde Mensch dagegen hat immer weniger Zeit, chronische Erkrankungen bedürfen vermehrter Pflege und Aufmerksamkeit – oft werden sie nicht mehr ausgeheilt. Die sozialen Kontakte werden weniger, die Auseinandersetzung mit der Endlichkeit des Lebens beginnt.

Die Pflegebedürftigkeit und das Abhängigwerden von Angehörigen macht den meisten Menschen in unserer Kultur Angst. Hinzu kommt der Neid auf die Fähigkeiten, die dem anderen noch verblieben sind. Die Verluste wirken sich in zweierlei Hinsicht aus: sie beeinflussen die Beziehungen und die Verhaltensmuster. Häufig wird die narzisstische Kränkung auf die somatische Ebene verschoben.

Körperliche Leiden sind in der Gesellschaft anerkannter als die psychischen beziehungsweise auch vertrauter für den alten Menschen, und so dient der Körper als Projektionsfläche für psychische Leiden.

Mit dem Älterwerden verändert sich auch die Wahrnehmung des Zeitbegriffes. Der narzisstische Rückzug führt dazu, dass sie zum Beispiel ständig von der Vergangenheit reden, die Kindheit idealisieren, sich in einer Phantasiewelt einschließen. Dabei ist es leichter, das eigene Altern irreal erscheinen zu lassen, idealisierte Objekte werden stabil erhalten (die Verleugnung der eigenen körperlichen Veränderungen gehören beispielsweise dazu). Nicht nur der eigene Anblick im Spiegel, auch die Disqualifikation der älteren Generation durch unsere Gesellschaft rücken den Zerfall des Körpers und die Abnahme geistiger Funktionen in den Mittelpunkt. Der Spiegel wäre einerseits die Objektebene, wo der Mensch sehen kann, was er ist, auf der Subjektebene zeigt er ihm auch kein Gegenüber, mit dem er eine Ich-Du-Achse herstellen kann. Wenn diese Menschen kein positives Echo ihrer Umwelt mehr bekommen, dann droht der narzisstische Zusammenbruch. Erträgliche Gefühlszustände können dann meist nur noch im Tod phantasiert werden und leider ist für viele alte Menschen der Suizid die scheinbar einzige Möglichkeit, der subjektiv erlebten Realität zu entfliehen.

Hier ist die psychosoziale Betreuung, oftmals als Vorstufe zur Psychotherapie, ein hilfreiches Werkzeug, Wertvorstellungen zu beleuchten, neu zu ordnen und die so wichtige ICH-DU-ACHSE herzustellen, die die Grundlage jedes Seins darstellt. In einer erfolgreichen Betreuungssituation können die fehlenden inneren Objekte neu geordnet und auf eine sichtbare Oberfläche projiziert werden. Dies schafft Raum für Gefühle, die oft erstmals wahrgenommen und verbalisiert werden können.

Die Autorinnen stellen an dieser Stelle fest, dass das Angebot eines qualitativen Betreuungsnetzes in Alten- und Pflegeheimen für die HeimbewohnerInnen selten zufriedenstellend angeboten wird. Die Beschäftigungs- und Betreuungsformen müssen über Serviettenfalten, Seidenmalen und Basteln hinausgehen.

Es macht die Menschen unglücklich und depressiv, nicht mehr gebraucht zu werden und keine Aufgaben mehr im Leben zu haben.

## II.3 Die speziellen Problemstellungen im Alter

Die wohl häufigsten Probleme, die sich im Alter ergeben, sind die Trauer- und Verlusterlebnisse, die mögliche Vereinsamung und die dadurch drohende Isolation, die Auseinandersetzung mit der Endlichkeit des Lebens und jede Menge körperlicher Störungen, die ihrerseits wiederum psychische Probleme hervorrufen können. Für TherapeutInnen, BetreuerInnen und PraktikantInnen ist es wichtig, solche Unterschiede zu erkennen. Bestehenden Forschungsansätzen hinsichtlich einer Differentialdiagnose der Demenzen ist nachzugehen.

Depressive Erkrankungen können so markante Verhaltens- und Leistungsveränderungen mit sich bringen, dass dann fälschlicherweise angenommen wird, es handle sich um eine demenzielle Erkrankung. Gezielte Interventionen bezüglich einer Depressionsbehandlung sind vor dem Hintergrund einer qualitativen diagnostischen Abklärung notwendig. Wie bekannt, bestehen signifikante Unterschiede im Verhalten bei Trauer und depressiven Reaktionen, wobei gerade im Alter ein depressives Zustandsbild sehr oft ihren Ursprung in einer körperlichen Erkrankung haben kann oder sich aus der Multimorbidität ergeben. Mit zunehmendem Alter steigt auch das Suizidrisiko, vor allem bei Männern dieser Generation, die nicht gewöhnt sind, den Alltag alleine zu bewältigen.

Am Anfang und am Ende einer depressiven Phase ist dieses Risiko erhöht und ein Suizid oder -versuch wird dann häufig in einer Entspannungssituation begangen, zum Beispiel wenn das Wochenende beginnt. Die Gründe sind vielfältig, um nur einige zu nennen:

- das Gefühl anderen zur Last zu fallen
- die Änderungen in der Wohnsituation
- die körperlichen und psychischen Behinderungen oder Krankheiten
- die Angstzustände
- der Verlust der sozialen Rolle, das verminderte Selbstwertgefühl

Deshalb sollte die Behandlung und Betreuung depressiver Erkrankungen bei älteren Menschen aus mehreren Säulen bestehen:

- *Somatotherapie:* internistische Behandlung, Physiotherapie, Psychopharmaka
- *Soziotherapie:* Ergotherapie, Beschäftigungen, soziale Kontakte
- *Psychosoziale Betreuung:* Einzel- und Gruppenbetreuung
- *Psychotherapie:* Einzel-, Paar-, Gruppen- und Familientherapie

Wenn wir therapeutisch oder/und psychosozial mit alten Menschen arbeiten, müssen wir uns immer bewusst sein, dass wir es meist mit sehr komplexen Problemen zu tun haben: körperliche Erkrankungen verängstigen und verstören den Patienten, er oder sie braucht einen langen Atem, Mut und eine solidarische Begleitung auf dem Weg zur Rehabilitation, die in diesem Alter oft an dem Punkt abgeschlossen ist, wo sie Pflegefälle bleiben. Das heißt, sie müssen wieder Abhängigkeiten verkraften. So wie der Säugling nur mit Hilfe der Mutter seine Bedürfnisse befriedigen kann, so ist der alte Mensch vom Einfühlungsvermögen des Pflegenden abhängig. Davon, dass dieser erspürt, woran es gerade fehlt. Er benötigt von ihm außer den medizinischen Handgriffen vor allem liebevolle Zuwendung und Gespräche, denn sehr oft können alte Leute nicht mehr verbalisieren, was sie benötigen. Es ist für herumirrende demente PatientInnen wichtig, dass eine Pflegende sie einfach an der Hand nimmt und dorthin zurückführt, wo sie sich vertraut fühlen. Das vermittelt ein Stück lebensnotwendiger Sicherheit.

Der alternde Mensch sieht sich einer Fülle von Veränderungen gegenübergestellt, die sich auf mehreren Ebenen gleichzeitig auswirken. Der Eintritt ins Pensionsalter, die Neugestaltung der Identität, die körperliche Attraktivität, aber auch die Paarbeziehung unterliegen Veränderungen. Und nicht zuletzt rücken das Sterben und der Tod ins Zentrum der Aufmerksamkeit und es ist wichtig, diese Tabuthemen unserer Gesellschaft anzusprechen. Sie ermöglichen dem Menschen Auseinandersetzung und Aussöhnung mit der eigenen Geschichte.

# III. Grundsätzliche Überlegungen zur psychosozialen Betreuung alter Menschen

Zusammenfassung

Definition von psychosozialer Betreuung
Die drei Ebenen im Prozess des Alterns
Allgemeine psychosoziale Interventionen
Allgemeine Wirkungsweise psychosozialer Interventionen
Gründe für psychosoziale Betreuung
Differenzierte Ressourcen von psychosozialer Betreuung

## III.1 Definition von psychosozialer Betreuung

Zuerst möchten wir definieren, was mit „psychosozialer Betreuung" gemeint ist.

Die Forderung und Notwendigkeit einer interdisziplinären, multiprofessionellen und mehrdimensionalen Zusammenarbeit, besonders bei psychosozialen Interventionsformen in der Altenbetreuung und -begleitung, ist hinsichtlich der beschriebenen Multipathogenese und der vielfältigen Problemstellungen verständlich, jedoch nur in Ansätzen vorhanden.

Psychosoziale Betreuung erfolgt dort, wo Menschen mit psychischen Problemen in Verknüpfung mit sozialer Not Hilfe und Unterstützung suchen, da sie die daraus resultierenden Leidenszustände und Aufgabenstellungen nicht mehr bewältigen.

Die Unterscheidung von professioneller psychosozialer Hilfestellung und der Hilfe im privaten Netz ist jene, dass die Verbindung durch das Problem/den Konflikt entsteht und mit Beendigung der Hilfestellung auch wieder endet.

Gemeinsam ist beiden das Helfen im Verstehen, einer emotionalen Unterstützung und einer oft nahen, praktischen Lebenshilfe. Hinter einer professionellen Unterstützung steht jedoch immer eine Technik der Problemlösung, die zur Verbesserung der Situation führen soll. Die HeimbewohnerIn steht also im Mittelpunkt. In der persönlichen Beziehung stehen abwechselnd die Wünsche der Beziehungspartner im Zentrum. Wobei die PraktikantInnen dazu angeleitet werden, ihre Bedürfnisse vor dem Hintergrund der zukünftigen Rolle als BeraterIn, TherapeutIn zu reflektieren.

Psychosoziale Intervention wirkt als Methode, in und durch Kommunikation in den Bereichen der Beziehung und Begegnung, mit den Schwerpunkten der Information, Beratung und Betreuung bis hin zur Therapie.

Als Leitbegriff dient folgende Definition (M. Hochgerner, 1996):

> „Psychosoziale Intervention ist die nach einer Ausbildung erlernte, bewusste und geplante Behandlung von psychosozial bedingten Leidenszuständen und Verhaltensstörungen von Einzelindividuen oder Personengruppen in einer Interaktion zwischen einem oder mehreren Behandelten. Das Ziel ist, gestörte Verhaltensweisen und Einstellungen zu ändern, Reifung, Entwicklung und Gesundheit des Behandelten zu fördern, wobei der Handlungsansatz am Individuum, mit Gruppen, dem sozialen Umfeld oder in der daraus entstehenden Dynamik entwickelt werden kann."

Um die gerontopsychosoziale Beratung zu beschreiben, soll an dieser Stelle erinnert werden, dass der Prozess des Alterns und der Reife auf drei verschiedenen Ebenen verläuft, welche sowohl zeitlich als auch dynamisch voneinander verschieden geprägt werden.

- **Die körperliche Ebene**
- **Die psychische Ebene**
- **Die soziale Ebene**

Die Aufgabe einer gerontopsychosozialen Beratung besteht darin, das Gleichgewicht zwischen diesen Ebenen herzustellen.

Die Praktikumsstellen als Ort zu definieren, wo sich die Interventionen als „psychosoziale Begleitung und Beratung" innerhalb der Betreuung durch die PraktikantInnen durchgesetzt haben, erscheint uns im Laufe der vielen Jahre ihres Bestehens als zutreffend. Obwohl, beziehungsweise gerade weil sich die PraktikantInnen in einem Lehr- und Lernprozess zum Zeitpunkt der praktischen psychosozialen Tätigkeit befinden, sind ihre Zugänge geprägt von fachlich-theoretischem Wissen. Zum Beispiel in der

Anwendung von kognitivem Training, in der Leitung von Kleingruppen oder auch aufgrund ihres Lebenslaufes, geprägt von vorangegangenen Praktika. Eigene biografische Erlebnisse, wie zum Beispiel die Betreuung eigener Eltern oder Großeltern, sind wichtige praktische Ressourcen in diesem Beziehungsprozess. Die kontinuierliche Anleitung und Begleitung sowie die Fortbildungsverpflichtung durch die Praktikumsleitung gewährleisten zudem diese Begriffsbestimmung.

In erster Linie liegt der Fokus der gerontopsychosozialen Interventionen darauf, Ressourcen zu fördern, Anleitung zur Aktivierung zu geben, sowie Informations- und Handlungsdefizite auszugleichen. Die Beratung ist hier als Orientierungshilfe, Krisenintervention und Prävention zu sehen und kann in dieser Form als unterstützend, situationsorientiert und gegenwartszentriert eingesetzt werden.

Die PraktikantIn versucht durch biografische Anamnese und Informationen, die sie beim geriatrischen Assessment und von der Praktikumsleitung erhält, den alten Menschen gezielt zu fördern und bei der Integration im Haus behilflich zu sein.

Die Verlässlichkeit der PraktikantIn, die Kontinuität und Regelmäßigkeit des Settings, sowie die absolute Klarheit und der stützende Charakter der Betreuung geben Sicherheit und Stabilität.

Psychosoziale Betreuung umfasst mehr als ein Gespräch. Das Erinnerungsvermögen und die Gesprächsfähigkeit sind nicht zentrale Voraussetzungen, da zahlreiche alte Menschen unter Demenzerkrankungen leiden.

Hand in Hand damit geht aber eine entscheidende bewusstseinsbildende Entwicklung auf Seiten der PraktikantInnen. Das kann nur geschehen, wenn die „Decke des Schweigens" über die Krankheit Demenz entfernt wird und klar vermittelt wird, dass es sich einerseits zwar um eine schwere Erkrankung handelt, dass es aber andererseits auch immer wieder gelingen kann, den HeimbewohnerInnen ein gewisses Maß an Lebensfreude und vor allem Würde zu vermitteln. Die PraktikantInnen stellen die so wichtige ICH-DU-ACHSE her, die dem alten und oft dementen Menschen ermöglichen, sich mitzuteilen, sich selbst zu erkennen und sich auch in großer Verwirrung angenommen und sicher zu fühlen.

Psychosoziale Betreuung baut Ängste ab und ist oft Wegbereiter, dass alte Menschen eine Psychotherapie annehmen können. Sie muss immer individuell, das heißt im Kontext des betroffenen Menschen gesehen werden. Nur weil gerade Domino gespielt wird, heißt das nicht, dass dies alle wollen. Andererseits kann das Domino-Spiel in seiner Einfachheit ein idealer Ausgangspunkt zur ersten Vertrauensbildung für weitere psychosoziale Interaktionen sein.

Psychosoziale Betreuung ist auch bei HeimbewohnerInnen mit Demenzen, paranoiden Ideen und deutlich misstrauischem Verhalten geeignet. Die vorhin erwähnte Kontinuität, Stabilität und Klarheit geben dem Betroffenen Sicherheit. Sie werden ruhiger und sind besser in den Stationsalltag auf Pflegestationen zu integrieren.

Die Selbstbestimmung und Würde des alten Menschen sind absolut zu achten und die unterstützende Begleitung der Angehörigen ist von essenzieller Bedeutung. Gelingendes Altern hängt immer auch davon ab, inwieweit ein Mensch Herausforderungen akzeptieren und integrieren kann.

## III.2 Gründe für psychosoziale Betreuung in Alten- und Pflegeheimen

- **Begleitung beim Einzug in das Alten- und Pflegeheim und Unterstützung in der neuen Lebenssituation**

Ein Heimeintritt und die damit verbundenen Umstellungen lösen unterschiedliche Gefühle sowohl bei der HeimbewohnerIn als auch bei den Angehörigen aus. Viele befürchten, abgegeben worden zu sein, die Trennung der gewohnten Umgebung ist schmerzhaft; die HeimbewohnerIn hat manchmal Eingewöhnungsschwierigkeiten, die zeitweise von Orientierungsstörungen begleitet werden. Die ständige Konfrontation mit anderen alten und kranken Personen führt zu psychischen Belastungen. Die neuen Lebensbedingungen und der ungewohnte Rhythmus eines Hauses müssen bewältigt werden. Auftretende Schwierigkeiten mit dem Pflegepersonal entstehen durch die Konfrontation mit den körperlichen Einschränkungen, die zu einer Abhängigkeit führen, die dem alten Menschen hier sehr deutlich bewusst wird.

- **Betreuung bei psychischer Symptomatik**
Diese kann sich in verschiedenen Formen zeigen. Häufig handelt es sich um Depressionen, paranoide Ideen, Angst und Panikattacken, vorübergehende Verwirrtheitszustände (dem sogenannten Durchgangssyndrom), Erkrankungen aus dem schizophrenen und psychotischen Formenkreis. Die psychosoziale Betreuung kann hier eine wertvolle, unterstützende Begleitung in Kombination mit einer Pharmakotherapie und/oder Psychotherapie sein.

- **Auseinandersetzung mit den Themen Altern, Abbau, Sterben, Tod**
Viele Menschen hinterfragen den Sinn des Altwerdens, sind mit dem zunehmenden geistigen und körperlichen Abbau beschäftigt und müssen Verluste von Freunden oder Partnern verarbeiten. Körperliche Erkrankungen erschweren die Situation, mit dem Altwerden nicht fertigzuwerden. Die Befürchtungen, qualvoll zu sterben, sowie Gedanken an ein Leben nach dem Tod sind wichtige Themen, die eine behutsame Begleitung erfordern.

- **Bereitstellung von Möglichkeiten zum Dialog**
HeimbewohnerInnen wollen sich jemandem anvertrauen. Auch jene, die nicht mehr über ausreichende kommunikative und kognitive Kompetenzen verfügen. Hier ist es wichtig, Möglichkeiten zu schaffen, wo negative Gefühle angesprochen werden können und Dinge, die noch zu klären sind, festgehalten werden. Dadurch entstehen erste Lösungsansätze.

- **Unterstützung bei Alltagsanforderungen**
Die HeimbewohnerIn benötigt eine stabile Alltagsstruktur, die Sicherheit und Geborgenheit vermittelt. Psychosoziale Betreuung erfolgt hier auf mehreren Ebenen. Konfliktreiche Situationen mit anderen BewohnerInnen und Angehörigen können entschärft werden, alltäglich Belastendes wird angesprochen. Die HeimbewohnerIn wird ermutigt, ihre Wünsche auszusprechen. Eine klare Kommunikation und Kooperation zwischen PraktikantIn und Pflegepersonal ist wünschenswert und zielführend.

- **Stimulation, Aktivierung**
Viele HeimbewohnerInnen ziehen sich zurück, vor allem dann, wenn ein Gespräch nicht mehr oder nur sehr eingeschränkt möglich ist. Psychoso-

ziale Betreuung gleicht hier Bewegungsmangel und Antriebslosigkeit aus, indem sie die BewohnerIn motiviert, die Angebote des Hauses in Anspruch zu nehmen. In vielen Fällen kann diese Intervention unkonventionelle Wege gehen. Das Betreuungssetting wird in den Garten oder angrenzende Parkanlagen verlegt. Der Aufenthalt in der Natur ist anregend für viele Sinne und Impuls gebend für weitere Interventionen. Je nach Interesse der HeimbewohnerIn können diese Angebote zu kreativen Tätigkeiten anregen, wie Malen, Musikhören, Spielen, um nur einige zu nennen.

- **Förderung der sozialen Integration**

Viele HeimbewohnerInnen haben scheinbar kein Interesse mehr an ihrer Umwelt. Die Gründe dafür sind vielfältig: nachlassendes Hörvermögen, mangelnde Sehkraft, kein oder wenig Besuch der Angehörigen. Eine wesentliche psychosoziale Intervention besteht darin, alte Menschen aus dieser Isolation zu führen, indem sie zu Ausflügen und Konzertbesuchen außerhalb des Hauses motiviert werden. So kommen sie mit anderen HeimbewohnerInnen in Kontakt. Die PraktikantInnen versuchen Menschen mit gleichen Interessen zusammenzuführen und fördern so die soziale Integration. Dies hat nachhaltig positive Auswirkungen auf das Zusammenleben im Haus.

- **Mobilitätsförderung**

Die schon beschriebenen Aktivitäten führen dazu, dass die HeimbewohnerIn ihren Lebensbereich ausweiten kann und selbst aktiv wird. Diese Maßnahmen vermeiden nicht nur einen Rückzug und Bewegungsmangel, sondern fördern und fordern auch deren geistige Möglichkeiten.

- **Förderung der Ressourcen**

Gezielte intellektuelle und körperliche Herausforderungen stärken das Selbstwertgefühl. Psychosoziale Interventionen lenken den Fokus auf jene Dinge, die noch gut zu bewältigen sind, machen Ressourcen bewusst und fördern diese gezielt. So kann verhindert werden, dass sich die psychische Verfassung durch den Heimeintritt verschlechtert.

- **Psychosoziale Krisenintervention**

Viele HeimbewohnerInnen haben Krisensituationen zu bewältigen; wenn sich der körperliche Zustand verschlechtert, akute Erkrankungen auftreten oder nahestehende Personen sterben. Psychosoziale Interventionen in solchen Situationen ermutigen die HeimbewohnerIn, diese starken emotionalen Belastungen zu verbalisieren, suizidale Einengungen zu erkennen und alle notwendigen Schritte zu setzen, die ihr Stabilität und Sicherheit geben. Der Fokus liegt auf der emotionalen Entlastung. Die Zusammenarbeit mit dem interdisziplinären Team ist hier unumgänglich.

- **Stütze und Struktur bei Demenzkranken**

Demenzkranke HeimbewohnerInnen sind in ihrer Merkfähigkeit, in ihrer Orientierung und den Aktivitäten des täglichen Lebens beeinträchtigt. Psychosoziale Interventionen unterstützen sie in ihrer Selbstständigkeit, soweit dies möglich ist. Dazu gehören Ermutigungen, selbstständig zu trinken oder zu essen, an Spielgruppen oder kognitiven Trainingsgruppen teilzunehmen. Symbolhafte Orientierungshilfen, strukturgebende und stützende Maßnahmen sind hier das Mittel erster Wahl.

- **Stütze der Angehörigen**

Viele Angehörige sind durch den Heimeintritt der Eltern mit einer Fülle von Fragen konfrontiert. Unterstützende Gespräche und eine Einbindung der Verwandten in die pflegerischen und psychosozialen Maßnahmen sind wichtige Interventionen, die ihnen auch ermöglichen, ihre emotionale Betroffenheit und Sorgen auszusprechen. Die Erfahrung hat gezeigt, dass Einzelgespräche besser angenommen werden als Angehörigenabende.

## III.3 Differenzierte Ressourcen von psychosozialer Betreuung

**Kognitiv**
- das Fördern und Wiedererlernen bereits vorhandener Fähigkeiten
- die Kommunikationsfähigkeit erhalten
- Rückschau auf das Leben halten und das Aussöhnen mit der Vergangenheit
- Unterstützung bekommen, dort, wo man es gerade braucht

**Sozial**
- die Kontaktfähigkeit erhalten
- die Kontakte zu Angehörigen, PflegerInnen, ÄrztInnen fördern
- den Generationendialog zum besseren Verständnis auf beiden Seiten anregen
- Eigenverantwortung übernehmen lernen
- die Autonomie erhalten
- die Lebensqualität erhalten, im optimalen Fall verbessern

**Emotional**
- das Selbstbewusstsein stärken
- Reduktion von Psychopharmaka
- Kreativität entdecken
- eigene Bedürfnisse wahrnehmen und erleben
- Ermutigung zur Neuorientierung finden
- Unterstützung im Annehmen, wer und wie ich bin
- die Aktivität im Ruhestand fördern

**Physisch**
- Ausdehnung des Aktionsradius fördern
- Sensibilisierung der Körperwahrnehmung
- Reaktivierung der körperlichen Fähigkeiten und Beweglichkeit
- Förderung des allgemeinen Wohlbefindens durch Reduktion der Medikamente

**Psychisch**
- Unterstützung bei der Sinnfindung
- Erweckung des eigenen Rollenbildes („ich werde noch gebraucht")
- Unterstützung des allgemeines Wohlbefinden
- Anregungen zur Neugestaltung der aktuellen Situation

# IV. Die gerontopsychosoziale Praktikumsstelle

> Zusammenfassung
>
> Entstehung und Grundgedanken
> Das Böhmer-Laufer Psychosoziale Praktikum – BLPP
> Das Gerontopsychosoziale Praktikum – GPP

## IV.1 Entstehung und Grundgedanken

> „Wohlwollende jüngere Menschen sollen für betagte, besonders einsame BewohnerInnen des Sanatoriums Maimonides-Zentrum eine Art ‚Patenschaft' übernehmen, ihnen Ansprechpartner – so etwas wie Ersatzenkelkinder – sein."
> (Zitat: E. Böhmer-Laufer)

So ist 1992 das Psychosoziale Betreuungsprojekt von Mag. Evelyn Böhmer-Laufer ins Leben gerufen worden und ist im Laufe von fünfzehn Jahren zu dem geworden, was es heute ist.

Im Besonderen liegt dem hier vorgestellten Betreuungsmodell folgendes Konzept zugrunde:

> „Es stützt sich auf D. W. Winnicott's Vorstellungen von einer ‚genügend guten Umwelt', die eine unerlässliche Bedingung für das Wachsen und Reifen jedes Menschen ist. Gemeint ist damit ein emotionales Bezugssystem, das dem Einzelnen soviel Schutz und Halt gibt, wie er zur Entfaltung seiner individuellen Persönlichkeit und der Realisierung des ihm eigenen Potenzials benötigt.

Psychoanalytische Entwicklungstheorien zeigen auf, dass das Vehikel für persönliches Wachsen und Reifen die Zweierbeziehung ist, dass diese aber eines erweiterten Gefüges bedarf, um ihren entwicklungsfördernden Auftrag zu erfüllen."

(Zitat: E. Böhmer-Laufer)

Dieses „erweiterte Gefüge" ist die psychosoziale Betreuung durch die PraktikantInnen. Nur eine multiprofessionelle Zusammenarbeit kann hier nachhaltig Zielvorstellungen erfüllen.

Die Entwicklungen im Bereich der „Altersversorgung" zeigen immer mehr auf, dass ein adäquates, qualifiziertes, psychosoziales Beziehungsnetz den alten, oft gebrechlichen Menschen in seinen vorhandenen geistigen, sozialen und emotionalen Fähigkeiten stützen und stärken kann. Damit können psychiatrische Maßnahmen reduziert werden und, selbst wenn jene unvermeidbar sind, fachlich begleitet werden. Weiters ermöglicht dieses Betreuungskonzept sinnvolle Zugänge zur psychotherapeutischen Behandlung von alten Menschen.

Die Autorinnen beziehen sich auf ihre beiden Praktikumsstellen, in denen sie tätig sind. Das hier vorgestellte Modell der gerontopsychosozialen Betreuung beruht auf den Erfahrungen, die in diesen Häusern gewonnen wurden.

### IV.2 Das Böhmer-Laufer Psychosoziale Praktikum (BLPP) im Sanatorium Maimonides-Zentrum, Wien

Seit nunmehr fünfzehn Jahren besteht im Sanatorium Maimonides-Zentrum, Elternheim, Pflegewohnheim und Tagesstätte der israelitischen Kultusgemeinde Wien ein psychosoziales Praktikum.

Es wurde im Mai 1992 von Frau Mag. Evelyn Böhmer-Laufer als psychosoziales Betreuungsprojekt gegründet und entwickelte sich unter der Leitung des Vereins zur Unterstützung der wissenschaftlichen Forschung auf dem Gebiet der Gerontopsychotherapie (Vorsitzende: Frau Patricia Kahane) und in Zusammenarbeit mit dem Sanatorium Maimonides-Zentrum zu einem integrierten und wertvollen Betreuungsangebot für HeimbewohnerInnen, sowie zu einer staatlich anerkannten

Praktikumsstelle für PsychotherapeutInnen und PsychologInnen in Ausbildung.

Das Sanatorium Maimonides-Zentrum beherbergt 145 HeimbewohnerInnen. Das Eltern- und Pflegewohnheim hat zurzeit 85 HeimbewohnerInnen, im Sektor der Pflegestation werden etwa 65 Personen betreut. Das Haus, in dem überwiegend jüdische Menschen aus unterschiedlichen Kulturen leben, wird streng religiös geführt. Solche, die den Holocaust überlebt haben, aber auch Menschen anderer Konfessionen. Im Wohntrakt mit Appartements leben Menschen, die ihren Alltag noch weitgehend selbstständig bewältigen können. Beide Abteilungen, Wohntrakt und Pflegestation, werden von einem ÄrztInnen- und Pflegeteam rund um die Uhr versorgt. Zusätzlich sind im Haus FachärztInnen, KonsiliarärztInnen, ErgotherapeutInnen, SozialarbeiterInnen, PhysiotherapeutInnen, DiätassistentInnen, MusiktherapeutInnen, ValidationsanwenderInnen, MusiktherapeutInnen und KunsttherapeutInnen tätig.

An die sechzehn PraktikantInnen aus psychologischen oder psychotherapeutischen Lehrgängen stehen den 145 HeimbewohnerInnen des Sanatoriums Maimonides-Zentrum zur Verfügung und betreuen diese nach den vorgestellten psychosozialen Kriterien.

**Die gerontopsychiatrische und gerontopsychotherapeutische Versorgung im Sanatorium Maimonides-Zentrum**

Seit drei Jahren ist im Sanatorium Maimonides-Zentrum das ESRA-CL-Team (clinical liason) für die psychiatrische und psychotherapeutische Versorgung der HeimbewohnerInnen zuständig.

Zwei FachärztInnen für Psychiatrie und Neurologie, eine SozialarbeiterIn, eine psychiatrisch ausgebildete diplomierte Krankenschwester sowie zwei PsychotherapeutInnen betreuen die HeimbewohnerInnen sowohl psychopharmakologisch, sozialtherapeutisch als auch psychotherapeutisch.

Die posttraumatischen Erkrankungen und psychischen Folgeerscheinungen erfordern gerade hier speziell geschulte Fachkräfte.

Regelmäßige Teambesprechungen von CL-Team und der Praktikumsleitung erheben den psychosozialen, beziehungsweise psychotherapeutischen Betreuungs- und Behandlungsbedarf. Das Vorliegen einer psychiatrischen, behandelbaren Diagnose, notwendige kognitive Verarbeitungsmöglichkeit und die Bereitschaft und Freiwilligkeit der HeimbewohnerInnen sind hier wesentliche Kriterien, um psychosoziale und/oder psychotherapeutische Betreuung/Behandlung in die Wege zu leiten.

In Krisensituationen von HeimbewohnerInnen ermöglicht diese kontinuierliche Kommunikation ein rasches Reagieren. Die Transparenz der Betreuungs- und Behandlungsprozesse von PraktikantInnen und PsychotherapeutInnen bieten eine optimale Interventionsmöglichkeit.

### IV.3 Das Gerontopsychosoziale Praktikum (GPP) im Haus Theaterpark, Niederösterreich

Das Haus Theaterpark beherbergt 108 HeimbewohnerInnen, die vorwiegend aus dem ländlichen Raum stammen. Sie sind überwiegend in Zweibettzimmern untergebracht, die sich auf drei Stationen zu je 36 Betten aufteilen. Im Haus arbeiten ÄrztInnen, KonsiliarärztInnen, das Pflegepersonal, PhysiotherapeutInnen, SeniorenbetreuerInnen, HospizbetreuerInnen und ehrenamtlich tätige BegleiterInnen.

Mit Unterstützung der Pflegedienstleitung und der Geschäftsleitung des „Hauses Theaterpark", konnte im Februar 2001 die Praktikumsstelle integriert werden, die ebenfalls die zuvor vorgestellten, psychosozialen Interventionen umsetzt. Rund acht PraktikantInnen betreuen 108 HeimbewohnerInnen.

#### Gerontopsychotherapeutische Versorgung

In Haus Theaterpark sind im Rahmen des Praktikums auch PsychotherapeutInnen in Ausbildung unter Supervision tätig. Diese führen hier die im Rahmen ihrer Ausbildung notwendigen Therapien durch, die in eigenen Falldarstellungen supervidiert werden. Der psychotherapeutische Bedarf wird in den regelmäßigen Visiten und interdisziplinären Stationsbesprechungen erhoben und anschließend den HeimbewohnerInnen angeboten. Durch die „Vorarbeit" des Praktikumsmodells fällt es in der Regel den alten Menschen leichter, den Übergang und den Entschluss zur psychotherapeutischen Behandlung anzunehmen.

Eine Grundvoraussetzung, um Psychotherapie in Anspruch zu nehmen, ist die kognitive Befindlichkeit der HeimbewohnerIn.

Beide Praktikumsstellen arbeiten mit demselben Modell und derselben Struktur.

# V. Die gesetzlichen Auflagen für die Gründung einer Praktikumsstelle

> Zusammenfassung
>
> Ausbildung zum Lebens- und Sozialberater
> Psychotherapieausbildung – psychotherapeutisches Propädeutikum/ Fachspezifikum
> Ausbildung zum klinischen und Gesundheitspsychologen

Wir legen bei diesem Überblick keinen Wert auf Zulassungsvoraussetzungen, Selbsterfahrung, Theoriestunden et cetera, sondern auf die Unterschiede in den Tätigkeiten und der Art der Pflichtpraktika, die im Rahmen der Ausbildung zu absolvieren sind.

**Ausbildung zum Lebens- und Sozialberater**

Die Lebens- und Sozialberatung ist seit 1989 als bewilligungspflichtiges (das heißt gebundenes beziehungsweise konzessioniertes) Gewerbe gesetzlich etabliert.

Das Berufsbild sieht Lebensberatung als die bewusste, geplante Beratung, Betreuung und Begleitung von Menschen in Entscheidungs- und Problemsituationen vor.

Praktikumsdauer: 750 Stunden

**Psychotherapieausbildung**

Die Ausbildung zur Psychotherapie ist in Österreich seit 1991 durch das Psychotherapiegesetz geregelt.

§1, Abs.1:

„Die Ausübung der Psychotherapie im Sinne des Bundesgesetzes ist die nach einer allgemeinen und besonderen Ausbildung erlernte, umfassende, bewusste und geplante Behandlung von psychosozial oder auch psychosomatisch bedingten Verhaltensstörungen und Leidenszuständen mit wissenschaftlich-psychotherapeutischen Methoden in einer Interaktion zwischen einem oder mehreren Behandelten und einem oder mehreren Psychotherapeuten mit dem Ziel, bestehende Symptome zu mildern oder zu beseitigen, gestörte Verhaltensweisen und Einstellungen zu ändern und die Reifung, Entwicklung und Gesundheit der Behandelten zu fördern."

Sie ist in zwei Teile unterteilt:

- **Psychotherapeutisches Propädeutikum**
Allgemeine Einführung und Voraussetzung für das Fachspezifikum.
Praktikumsdauer: 480 Stunden

- **Psychotherapeutisches Fachspezifikum**
Vertiefung und Spezialisierung in einer der Therapieschulen (kleine Unterschiede in den verschiedenen Schulen).
Praktikumsdauer: 550 Stunden

**Klinische und Gesundheitspsychologen**

Die Tätigkeiten der PsychologIn umfassen insbesondere im klinischen Bereich die klinisch-psychologische Diagnostik, Beratung und Behandlung. Im Bereich der Gesundheitspsychologie sind das insbesondere die gesundheitspsychologische Analyse und Begutachtung, Interventionen in der Gesundheitsförderung, -prävention und/oder -rehabilitation.
Praktikumsdauer: 1480 Stunden

# VI. Ziele der Praktikumsstelle

> Ziel ist, die psychosoziale und psychotherapeutische Begleitung behutsam in bestehende Betriebssysteme zu integrieren, um so die optimale Versorgung der HeimbewohnerInnen und die Entlastung des Pflegepersonals zu gewährleisten.

Dabei passen wir die Unterstützung flexibel an die Gegebenheiten der Institution und an die Bedürfnisse der HeimbewohnerInnen an. Deshalb ist die enge Kommunikation mit den Führungskräften der Alten- und Pflegeheime, der medizinischen – vor allem der psychiatrischen – Versorgung sowie mit den bestehenden psycho- und sozialtherapeutischen Einrichtungen ein zentrales Anliegen.

Die PraktikantInnen werden gezielt auf ihre Tätigkeit im Alten- und Pflegeheim vorbereitet. Die Leitung organisiert nicht nur extern veranstaltete Fortbildungen, sondern bietet selbst eine dreißigstündige, eigens für diese Praktikumsstelle zugeschnittene Fortbildung am Anfang der praktischen Tätigkeit an. Somit können die PraktikantInnen ihr Know-how erweitern und ihrer Arbeit mit großem Engagement nachgehen.

Unser Betreuungskonzept bietet den PraktikantInnen ein breites Spektrum an Handlungsmöglichkeiten an und gewährleistet ihnen ein fundiertes Wissen für die Praxis. Die Struktur der Praktikumsstelle und die vermittelnden Wissensinhalte tragen wesentlich dazu bei, dass die PraktikantInnen in ihrer Rolle als angehende PsychotherapeutInnen, PsychologInnen und Lebens- und SozialberaterInnen heranreifen.

Um qualitative Betreuung für den alten Menschen leisten zu können, ist es notwendig, sich für die Dauer von mindestens sechs Monaten zu verpflichten. Dies geschieht aus mehreren Gründen: Ein alter Mensch benötigt mehr Zeit, eine Beziehung aufzubauen, in der seine emotionalen Bedürfnisse im Vordergrund stehen.

Der Aufbau einer vertrauensvollen Beziehung beansprucht meist mehrere Wochen und bedarf häufiger Besuche durch die zugeteilte PraktikantIn. Da dem alten Menschen eine Kommunikation seines Gefühlserlebens generell fremd ist beziehungsweise er nicht daran gewöhnt ist, wichtig und ernst genommen zu werden, kommen viele belastende Themen erst nach drei bis vier Monaten zum Vorschein. Deshalb ist es wichtig, dass die PraktikantIn ausreichend Zeit hat, diese Inhalte zu reflektieren und zu unterstützen.

Die von der Leitung vorgegebene verpflichtende Betreuungsstundenanzahl, die bei mindestens zehn Wochenstunden liegt, hat den Zweck, diesen Bedürfnissen nachzukommen, und ermöglicht so einen zweimal pro Woche stattfindenden Kontakt.

Ein wichtiges Ziel der praktischen Ausbildungsstelle ist die Psychohygiene der PraktikantInnen. Deshalb ist die von der Praktikumsstelle finanzierte Gruppensupervision verpflichtender Bestandteil.

Weitere Ziele sind die Angehörigenbetreuung und die enge Zusammenarbeit mit dem multiprofessionellen Team des Hauses.

# VII. Anforderungen an die PraktikantInnen

> Zusammenfassung
>
> Das Aufnahmeverfahren
> Inhaltliche Richtlinien der Betreuungsformen
> Das Dreiphasenmodell
> Betreuung bei Urlaub und Abwesenheit
> Praktikumsbegleitende psychosoziale Tätigkeiten

## VII.1 Das Aufnahmeverfahren

Alle PraktikantInnen werden in einem Vorstellungsgespräch auf ihre persönliche Einstellung hin überprüft. Sie haben nicht nur die rechtlichen Voraussetzungen zu erfüllen (in Ausbildung zu einem der genannten Berufe), sondern sich ebenfalls der Ethik und Tradition der Häuser, insbesondere der jüdischen Tradition im Sanatorium Maimonides-Zentrum, bewusst zu sein. Jede muss bereit sein, sich für mindestens sechs Monate zu verpflichten, und empathisch und eigenverantwortlich in einem Team arbeiten wollen und können.

Alle PraktikantInnen müssen eigenverantwortlich die ihnen übertragenen Aufgaben erfüllen können, die im Speziellen die Einzelbetreuung der HeimbewohnerInnen betrifft. Die Tätigkeit muss gewissenhaft dokumentiert und mit der Praktikumsleitung in Feedbackgesprächen reflektiert werden.

Ein wichtiger Punkt ist auch die Bereitschaft, sich mit dem eigenen Alter auseinanderzusetzen.

Nach sechs Wochen Probezeit entscheidet die Leitung gemeinsam mit der PraktikantIn darüber, ob diese Praktikumsstelle auch die geeignete ist. Das Praktikum ist häufig der erste praktische und persönliche Kontakt im Umgang mit bedürftigen Menschen und sollte für die Auszubildenden ein sicherer und geschützter Ort sein, wo jene ihre theoretischen Erfahrungen erstmals umsetzen können. Hierbei sind generelle Zugänge – wie ausreichend empathischer Umgang und Kontinuität sowie die Bereitschaft, sich mit den Themen der Gerontologie und Geriatrie auseinanderzusetzen, – wichtig und entscheidend.

Vorerfahrung und Bezug zum älteren Menschen und Kenntnisse im Umgang mit psychischen Erkrankungen sind nicht zwingend notwendig. Selbsterfahrung und eigentherapeutische Vorerfahrungen sind nützlich, jedoch keine Voraussetzungen, um das Praktikum zu absolvieren, es wird jedoch ein reflektierender Umgang mit sich selbst und seiner Tätigkeit vorausgesetzt.

Die PraktikantIn wird angeregt, sich jederzeit mit allfälligen Fragen an das Leitungsteam zu wenden, beziehungsweise wird das Intervisionsgespräch innerhalb des Teams als Ort des Erfahrungsaustausches und Entlastung gefördert.

### VII.2 Inhaltliche Richtlinien der Betreuungsformen

**Die Einzelbetreuung**

Die Einzelbetreuung sieht die Betreuung der HeimbewohnerInnen in Einzelkontakten vor – mit einem klaren Setting und einem detaillierten Betreuungskonzept.

Die Häufigkeit und Dauer dieser Kontakte richten sich nach den Möglichkeiten und Bedürfnissen des alten Menschen und liegen wöchentlich zwischen ein bis drei Kontakten in einem Ausmaß von 30 – 50 Minuten.

Diese Form der Betreuung bietet einen haltenden und schützenden Rahmen, in dem die HeimbewohnerIn in empathischer Weise bei ihren Wünschen und Sorgen durch die Praktikantin begleitet wird.

Die PraktikantIn hat dadurch die Möglichkeit, Erfahrungen mit dem

Wesen der Einzeltherapie zu machen, wobei therapeutische Zielsetzungen hinsichtlich diagnostischer Gegebenheiten zum Tragen kommen.

Mittlerweile hat sich eine neue Form der Betreuung – **die offene Einzelbetreuung** – erfolgreich bewährt. Sie stellt einen behutsamen Übergang zwischen einer Stockwerkbetreuung und einer Einzelbetreuung dar, wobei hier die Häufigkeit und die Intensität der Betreuung als Kriterien herangezogen werden.

Diese Form der Intervention wird immer dann gewählt, wenn die HeimbewohnerIn sich auf eine festgelegte Struktur, wie es die Einzelbetreuung vorsieht, nicht einlassen kann.

### Die Stockwerkbetreuung

Die Stockwerkbetreuung erfasst alle HeimbewohnerInnen und soll soziale Interaktionen zwischen den BewohnerInnen anregen und ermöglichen. Die PraktikantIn bekommt durchschnittlich zwei bis drei Zimmer oder eine Station zugeteilt, für die sie während ihrer gesamten praktischen Tätigkeit verantwortlich ist. Bei dieser Intervention sammelt sie erste Erfahrungen mit gruppentherapeutischem Arbeiten, begleitet neu aufgenommene HeimbewohnerInnen und steht in enger Zusammenarbeit mit den jeweiligen Stationsleitungen.

### Die Intensivbetreuung

Neu eingetretene BewohnerInnen werden durch häufige Kontakte beim Heimeintritt begleitet, um ihnen die belastende Lebenssituation zu erleichtern. Intensivbetreuung wird aber auch für andere Senioren in Krisenzeiten kurz oder längerfristig eingesetzt. Die PraktikantIn besucht die betroffenen HeimbewohnerInnen zwei- bis dreimal wöchentlich und leistet so einen wesentlichen Beitrag dazu, Gewohnheiten, Ressourcen und Interessen herauszufinden.

Die unterschiedlichen Betreuungsformen werden schriftlich dokumentiert und stehen auf Nachfrage dem gesamten Betreuungsteam des Hauses ergänzend zur Verfügung.

## VII.3 Das Dreiphasenmodell in der Einzelbetreuung als Richtlinie des psychosozialen Betreuungsprozesses

Therapeutische Richtlinien sollen den Lernprozess der PraktikantInnen intensivieren und sie in ihrer praktischen Tätigkeit unterstützen.

Um den Betreuungsprozess gut zu strukturieren, haben wir das vorliegende Dreiphasenmodell entwickelt. Dieses Modell unterstützt die PraktikantInnen, Prozesse einzuleiten, zu stabilisieren, aufrechtzuerhalten und abschließen zu können.

Der Begriff der INTERVENTION sei hier noch besonders zu erwähnen, um den Inhalt der Betreuung zu verdeutlichen.

Alles, was eine PraktikantIn in die Betreuungssituation einfließen lässt, ist eine Intervention, die zum Ziel hat, einen stagnierten Prozess in „Bewegung" zu bringen, gesunde Anteile zu stärken, fehlende zu integrieren und Schädliches zu vermeiden. Nicht jede Maßnahme ist für ein bestimmtes Ziel förderlich, ebenso kann eine BetreuerIn nicht immer abschätzen, was passieren wird. Deshalb ist es wichtig, jede Veränderung, die geschieht, zu bemerken, und die, um das Ziel zu erreichen, notwendigen Zwischenphasen zu akzeptieren. Der in der Betreuung von alten Menschen so wesentliche Faktor „Zeit" bedarf hier besonderer Aufmerksamkeit und ist ein erhebliches Kriterium im Betreuungsprozess. Als Reflexion dazu dient die Supervision.

Der gesamte Betreuungsprozess – ebenso wie eine Betreuungseinheit – kann grundsätzlich in drei Phasen gegliedert werden.

Natürlich sind diese Phasen in der Begleitung nicht klar voneinander zu trennen, da es sich um einen Prozess handelt. Jede einzelne Betreuungseinheit kann, bezogen auf das Phasenmodell, Aufschluss über das Verhalten, die Fähigkeiten und derzeitigen Möglichkeiten der HeimbewohnerIn geben. Es ist im gesamten Betreuungsprozess ein hilfreiches Instrument, die Interventionszeit zu strukturieren, sowie die Abschlussphase realitätskonform einzuleiten und zu beenden.

1. Die Beginnphase, erste bis sechste Woche der Betreuungstätigkeit

**Themen: Kontakt – Motivation – Vertrauen**
In dieser Phase werden die Grundsteine für die Beziehung zwischen PraktikantIn und HeimbewohnerIn gelegt. Dazu gehören die Art der Kontakt-

aufnahme, die Motivation Betreuung anzunehmen, und alle vertrauensbildenden Maßnahmen.

Sie beinhaltet alle Interventionen, die den Kontakt fördern und das Vertrauen entwickeln und aufbauen. Eine positive Erwartungshaltung ohne Leistungsdruck ist Voraussetzung. Zuverlässigkeit, Kontinuität, Abgrenzung und Selbstvertrauen von Seiten der PraktikantIn sowie der Faktor Zeit unterstützen diese Phase. Als motivierende Interventionen sind all jene zu sehen, die zu einem Erfolgserlebnis führen. Das können visuelle oder taktile Sinnesstimulanzen sein, aber auch die Förderung von vorhandenen Ressourcen, ein Spaziergang in den Garten, Anregungen selbstständig zu essen, et cetera. In dieser Phase entsteht die Möglichkeit, die HeimbewohnerIn zu entlasten, etwas über ihre Wünsche und Sorgen zu erfahren und erste Lösungsmöglichkeit anzudenken.

2. Die Mittelphase, etwa sechste Woche bis fünftes Monat

**Themen: Stimulanz – Wahrnehmung – Thematisieren – Integration**
In dieser Phase geht es um die Wahrnehmung und Entschlüsselung der latenten und manifesten Themen.

Förderlich sind all jene Interventionen, die diese Inhalte aufgreifen, fokussieren, gegebenenfalls intensivieren und der HeimbewohnerIn rückgemeldet werden. Im Vordergrund steht die Förderung von gesunden Anteilen, die Integration von verdrängten Themen, so diese zugänglich sind, und die Stabilisierung der Betreuungsbeziehung.

3. Die Abschlussphase, fünftes und sechstes Monat

**Themen: Zusammenfassung – Stabilisierung – Trennung**
In dieser Phase zeigt sich, wie wichtig die Stabilität der Beziehung ist, weil das Ende der Betreuungszeit naht und der Übergang in eine neue Beziehung ansteht. Stabilisierend wirken all jene Interventionen, die den Verlauf des Begleitungsprozesses transparent machen. Dazu gehört auch eine Bestandsaufnahme der erreichten Ziele, die der HeimbewohnerIn bewusstgemacht werden sollen, dass sie zum Beispiel „trotz ihrer Bettlägerigkeit, selbstständig essen kann". Das nahende Ende der Betreuung muss thematisiert werden – und dass die HeimbewohnerIn nicht alleine gelassen wird, sondern durch eine neue KollegIn weiter betreut wird. Diese Abschiedsphase ist mit vielen Emotionen auf beiden Seiten verknüpft.

Unter Umständen wird die Trennung vermieden oder hinausgezögert und selten, aber doch abgebrochen. Das passiert zum Beispiel dann, wenn eine PraktikantIn am Ende ihrer Praktikumszeit auf Urlaub geht. Durch die gehäuften Abschiede, die das Alter generell mit sich bringt, ist auch diese Phase mit schmerzlichen Gefühlen verbunden und daher kommt ihr ein besonderer Stellenwert zu.

Die Erfahrung hat gezeigt, dass es PraktikantInnen mitunter schwer fällt, bei gut aufgebauter Beziehung zur HeimbewohnerIn diese nach Ende der Praktikumszeit auch zu verlassen und den Prozess klar und deutlich zu beenden.

Die daraus entstehenden, nachfolgenden privaten Besuche sind grundsätzlich positiv zu werten, können aber bei Intensivierung und bestehenden Unklarheiten über die Funktion der Kontakte zu Verunsicherung und Verwirrung führen. Der Betreuungsprozess für die nachfolgenden PraktikantInnen kann dadurch erheblich erschwert werden, da der zeitliche Vertrauensvorschub hier nicht vorhanden ist und die neuen BetreuerInnen mit ihren VorgängerInnen verglichen werden.

Hier ist es notwendig, an neuen Formen der Trennungen zu arbeiten. Es sollen Abschiede sein, die möglicherweise auch als schmerzvoll erfahren werden, aber in denen durch die Betreuungstätigkeit Hilfestellung und Trost angeboten wird. Hier wären gerade im gerontopsychosozialen Bereich Chancen und Möglichkeiten für die HeimbewohnerInnen, sich auf den letzten Lebensabschnitt vorzubereiten. Das psychosoziale Ziel ist hier eine Entwicklung zu fördern, Hilfestellung und Trost annehmen zu können, die weniger an Personen, als an das Kollektiv eines größeren Ganzen gebunden ist.

In diesem Zusammenhang sei noch einmal auf eingangs erwähntes Modell hingewiesen, dass Fähigkeiten zur Trennung im Besonderen und individuell für jede HeimbewohnerIn bereits mit jeder Betreuungseinheit zu überprüfen ist. Die Möglichkeiten und Stabilität der gesamten Praktikumsstruktur sollen klar vermittelt werden, in der jede HeimbewohnerIn in irgendeiner Form durch das Praktikum Betreuung erhält und sie in keinem Fall ohne Kontakt und Bezüge im Haus „zurückbleibt".

Zum Thema Trennungen und Abschiednehmen verweisen wir weiter auf das Kapitel „Die PraktikantIn als seelischer Mentor".

In der Abschlussphase können die BetreuerInnen die Dauer oder Häufigkeit der Besuche reduzieren und im letzten Monat der Praktikumszeit sollen auch die neuen Betreuungspersonen eingeführt werden.

Aus dem hier dargestellten Phasenmodell eines Begleitungsprozesses wird ersichtlich, dass die erste und dritte Phase besonderer Sensibilität bedürfen.

Vertrauensbildung und Trennung sind auch wichtige Interventionen einer einzelnen Betreuungseinheit, wobei schon hier ersichtlich wird, welche Erfahrungen HeimbewohnerInnen damit gemacht haben.

Wir verweisen hierbei auf das Kapitel „Struktur der Praktikumsstelle".

## VII.4 Urlaub oder temporäre Abwesenheit der PraktikantIn

Das Konzept der Stockwerkbetreuung ermöglicht eine durchgängige Betreuung für die HeimbewohnerInnen trotz Abwesenheit einer oder mehrerer PraktikantInnen.

Die Voraussetzungen dafür sind allerdings ein dichtes, lückenloses Kommunikationsnetz innerhalb der PraktikantInnengruppe, im Besonderen jener, die gemeinsam die Stationen oder Zimmer betreuen, sowie ein rechtzeitiges Abstimmen der Betreuungsmöglichkeiten und des -bedarfs. Zeit und Raum dafür sind in den wöchentlichen Besprechungen gegeben sowie durch aktuelle Mitteilungen im Tagesbuch, das in den Räumlichkeiten der Praktikumsstelle aufliegt.

Die PraktikantInnen sind verpflichtet, ihre Abwesenheit rechtzeitig bekannt zu geben, sowie dafür Sorge und Verantwortung zu tragen, dass diese von der Gruppe unterstützt und mitgetragen wird.

Im Besonderen sind Informationen und Hinweise zu den betroffenen HeimbewohnerInnen unerlässlich und die bevorstehende Veränderung in der Begleitung ist gemeinsam mit diesen zu thematisieren.

Da eine längerfristige Abwesenheit immer einen wesentlichen Einfluss auf den Prozess der Betreuung ausüben wird, kann jene auch zu Krisensituationen führen, die berücksichtigt werden müssen, damit ein verantwortungsvoller Umgang gewährleistet werden kann.

## VII.5 Praktikumsbegleitende psychosoziale Tätigkeiten

### Ausflüge

Zu einem fixen Bestandteil des Praktikums gehören organisierte Ausflüge mit unterschiedlichen Schwerpunkten (Heurigen- oder Theaterbesuche, Christkindlmarkt, Tiergartenbesuche etc.).

Diese sind biografisch orientiert, knüpfen an lebensgeschichtliche Erinnerungen an und bilden eine Brücke zwischen Vergangenheit und Heute.

Die Betreuungsbeziehung HeimbewohnerIn/PraktikantIn wird durch gemeinsame Kompetenzen getragen und befruchtet. Der Dialog in der Generationenfolge, das Wissen von Alt und Jung, fördert die Achtung und den Respekt im Umgang miteinander und erweitert oft entscheidend den psychosozialen Betreuungsprozess.

Nicht selten werden Ausflüge in Gruppen organisiert mit dem Ziel, bestehende, oft zögerlich eingegangene Kontakte zwischen den HeimbewohnerInnen zu intensivieren und fördern.

Ein geselliges Beisammensein im Kaffeehaus oder ein Heurigenbesuch erweitern den sozialen Rahmen eines Miteinanders. Fernab vom gewohnten Heimalltag zeigen die BewohnerInnen neue, gänzlich andere Fähigkeiten und ein überraschend aktives Kommunikationsverhalten.

Das Leben in einer Institution – der Heimalltag – macht somit sichtbar, dass die noch immer bestehende Haltung der älteren und alten Menschen wirksam wird, sich einem sozialen Gefüge eher unterzuordnen und anzupassen, anstatt eloquent, verantwortungsvoll und selbstbewusst aufzutreten.

Aufgabe für das multiprofessionelle Team einer Institution ist die kontinuierliche und beständige Förderung von selbstständigem und selbstbestimmtem Verhalten ihrer HeimbewohnerInnen, solange dies der körperliche und psychische Zustand ermöglichen.

### Oasebetreuung

Da sich das Zusammenleben von dementen und damit häufig desorientierten HeimbewohnerInnen und solchen, die noch gut orientiert sind, äußerst schwierig gestaltet, hat sich das Haus Theaterpark zur Umsetzung eines Pilotprojekts entschlossen, der sogenannten „Oasebetreuung".

Die Oase ist ein Raum, der in seiner Gestaltung den Bedürfnissen von hoch dementen BewohnerInnen gerecht wird. In ihm befinden sich eine Kochgelegenheit und adaptiere Sitz- und Ruheplätze; HeimbewohnerInnen und BetreuerInnen gestalten die Tagesaktivitäten gemeinsam. In der wärmeren Jahreszeit kann der angrenzende Garten mitbenützt werden.

Vier Pflegepersonen sind im wöchentlichen Wechsel für die Gestaltung und Planung der Oasebetreuung zuständig.

In der „Oase" werden sechs hoch demente SeniorInnen an fünf Wochentagen von einer Pflegebezugsperson betreut. Diese Betreuungsform soll die emotionale Befindlichkeit und die Lebensqualität der Betroffenen verbessern, ihr Selbstvertrauen stärken und ihnen durch speziell auf sie abgestimmte Tätigkeiten helfen, diesem Leben einen Sinn zu geben – das Gefühl, noch gebraucht zu werden. Aufgrund der demenziellen Erkrankung kann dieser Sinn zwar nur mehr bedingt erfasst werden, die besonderen Umgangs- und Trainingsformen ermöglichen aber in jedem Fall ein Anknüpfen an ihre emotionale Stimmungslage.

Um auch äußerst „schwierige" HeimbewohnerInnen in der Integrationsphase dieses Projekts individuell fördern und stützen zu können, gilt für alle in der Oase tätigen Personen folgender Leitsatz von Naomi Feil: „Jeder Mensch ist anders und wertvoll, wie desorientiert er auch sein mag."

Grundkenntnisse der Validation, sowie biografisch orientierte Gesprächsführung sind hier Grundvoraussetzung für alle BetreuerInnen und PraktikantInnen.

Das PraktikantInnenteam bietet in der „Oase" etwa fünf Stunden wöchentlich spezielle Trainingsgruppen an, die kognitives Training, Spiele- und Bewegungsgruppen sowie biografisch orientierte Gesprächs- und Erzählgruppen beinhalten.

**Angehörigenbetreuung im Haus Theaterpark**

Die Angehörigenbetreuung durch die Praktikumsleitung ist ein weiterer Schwerpunkt im Haus Theaterpark.

Bei Neuaufnahmen wird mit der HeimbewohnerIn, soweit dies möglich ist, und den Angehörigen die Erstbiografie erstellt. Ein Nachfolgegespräch mit den Verwandten eröffnet Raum und Möglichkeit, dass jene auch in ihren Anliegen, Sorgen und Nöten gehört werden und weiterführende beratende Unterstützung im Haus annehmen können. Wie die Jahre zeigen, nehmen die Angehörigen dieses Angebot kontinuierlich und gerne an.

Die ländliche Umgebung des Hauses Theaterpark lässt eine überdurchschnittlich hohe Besucherfrequenz durch die Angehörigen erkennen, da sie in der Nähe wohnen. Aus diesem Grund ergeben sich häufige Kontakte mit den PraktikantInnen, was zur Folge hat, dass die Verwandten das gelebte Modell erleben und erkennen. Die Tatsache, dass die HeimbewohnerInnen, der Vater, die Mutter, auch von anderen Menschen besucht und hier auch qualitativ betreut werden, fördert das Vertrauen in eine bestmögliche Versorgung und erleichtert den Angehörigen, vor allem beim Heimeintritt und bei etwaigen Abwesenheiten wie Krankheit oder Urlaub, die Situation.

### Testverfahren im Rahmen des Praktikums

Im Haus Theaterpark erfolgt eine kontinuierliche psychologische Diagnostik durch die klinischen und GesundheitspsychologInnen, die im Rahmen ihrer Ausbildung ihr Praktikum absolvieren.

Die Testung im Sanatorium Maimonides-Zentrum wird durch das dort integrierte psychologische/psychiatrische Team vorgenommen. PraktikantInnen werden aber auch in diesem Haus zur Diagnostik herangezogen. Das interdisziplinäre PraktikantInnenteam kann in der Regel fremdsprachliche Ressourcen aufweisen, da sich dieses aus StudentInnen verschiedener Herkunftsländer besteht, beziehungsweise die PraktikantInnen sehr oft einen mehrsprachigen Ausbildungshintergrund aufweisen.

Die Verknüpfung dieser Ressource mit den multikulturellen HeimbewohnerInnen des Sanatoriums Maimonides-Zentrum macht eine profunde Diagnostik möglich, da eine Durchführung in der Muttersprache genauere Resultate erzielt.

## VII.6 Die Dokumentationen im Rahmen des Praktikums

Die PraktikantInnen sind im Rahmen des Praktikums verpflichtet, laufend über die Prozesse ihrer Tätigkeit zu berichten. Bei der vorgestellten Form der Einzelbetreuung ist nach jedem Besuch der HeimbewohnerIn ein Verlaufsprotokoll zu verfassen, welches in der Krankenakte abgelegt ist. In diesem Verlaufsbericht beschreibt die PraktikantIn in kurzen Worten die psychische, physische, kognitive und soziale Befindlichkeit.

Um den Lernprozess zu intensivieren und der Leitung einen Überblick über die praktische Tätigkeit der PraktikantIn zu geben, ist es notwendig, die Einzel- und Stockwerkbetreuungen ebenfalls schriftlich zu dokumentieren.

Diese Berichte sind für alle PraktikantInnen quartalsmäßig abzugeben, werden schriftlich und persönlich mit der Praktikumsleitung reflektiert, die sie auch bei der Erstellung fachlich berät.

Die Berichterstellung umfasst folgende Teile:
1. Konzeption/Arbeitshypothese
2. Dokumentationsdeckblatt/Biografie
3. Praktikumsbericht
4. Stockwerkbericht
5. Abschlussbericht

Die Dokumentationen und die psychosoziale Arbeit unterliegen den gesetzlichen Bestimmungen aller psychotherapeutischen Regeln. Daher sind die Berichte Eigentum des Hauses und der Praktikumsstelle und können von dort nicht entfernt und/oder vervielfältigt werden.

Die Praktikum- und Stockwerkberichte sind in kodierter Ausfertigung vorzulegen.

**Die Konzeption/Arbeitshypothese**

Am Beginn der Einzelbetreuung (nach den ersten persönlichen Kontakten) ist es für die PraktikantIn wichtig, ein Konzept beziehungsweise eine Arbeitshypothese über die bevorstehende praktische Tätigkeit mit der HeimbewohnerIn zu entwickeln.

Diese Konzeption dient dazu, Möglichkeiten und Grenzen zu erkennen und diese von Anfang an mit einzubeziehen.

Diese Arbeitshypothese wird gemeinsam mit der Praktikumsleitung vor der endgültigen Übernahme der Einzelbetreuung hinsichtlich der Zielsetzung reflektiert. Eine schriftliche Zusammenfassung, die als Gesprächsgrundlage dient, soll stichwortartig folgende Überlegung beinhalten:

| | |
|---|---|
| Selbstanalyse: | Eigene Stärken/Schwächen hinsichtlich des geplanten Betreuungskontaktes. Was löst der Kontakt in mir aus, welche Gefühle, Empfindungen, Wahrnehmungen habe ich persönlich in diesem Kontakt, an wen erinnert mich mein Gegenüber … |
| Klientenanalyse: | Kognitive, physische, psychische und soziale Möglichkeiten und Grenzen. Hat die HeimbewohnerIn Leidensdruck. Welche Wünsche und Ziele hat der ältere Mensch. |
| Betreuungsziele: | Überlegungen zu lang- und kurzfristigen Betreuungszielen. Diese sollten in verbaler Abstimmung mit der KlientIn erstellt werden und, wenn das möglich ist, gemeinsam mit der HeimbewohnerIn zu erarbeiten. |
| Setting: | Dauer, Häufigkeit der Kontakte, Ort (Zimmer, Garten et cetera). |

PraktikantInnen aus dem Fachspezifikum, sollen zudem ein methodenspezifisches Konzept erstellen. Diese Konzeptionen/ Arbeitshypothesen sind auch die Grundlage für die Berichte, die dann geschrieben werden.

**Dokumentationsdeckblatt/Biografie**

Hier wurden durch die Praktikumsleitung Formblätter erstellt, die als Arbeitsgrundlage zu anamnestischen Überlegungen dienen.

- Dokumentationsdeckblatt – anamnestische Datenerhebung
- Biografieblatt – biografische Datenerhebung

Biografie- und Erinnerungsarbeit sind wesentliche Bausteine in der Ressourcenerhebung und Grundlage für jede psychosoziale Betreuung. Hier verweisen wir auf das Kapitel „Biografie- und Erinnerungsarbeit".

**Praktikumsbericht**

Die Zielsetzung des Praktikumsberichtes ist:

- psychosoziale Prozessarbeit zu entwickeln, Umgang mit protokollarischen HeimbewohnerInnenberichten
- Transparenz der praktischen Tätigkeit gegenüber der Praktikumsleitung
- nachkommenden PraktikantInnen den Einstieg in die Betreuung zu erleichtern

**Inhalt eines Berichtes**

Zeitausmaß der Betreuung: Wie oft und wie lange sind Kontakte möglich? Seit wann wird die HeimbewohnerIn von mir betreut?

Kurzfristige Ziele: Themen der einzelnen Kontakte, Veränderungen hinsichtlich der erstellten Konzeption.
Langfristige Ziele: Kann das ursprünglich definierte Ziel beibehalten werden, sind Änderungen notwendig, sinnvoll, haben sich neue Ziele ergeben?

Prozessverlauf: Hier sollen die Angebote der HeimbewohnerIn, sowie die Interventionen der PraktikantIn deutlich werden. Es ist auch sinnvoll, die getätigten Methoden in einzelne Punkte zu gliedern: kognitiv, psychisch, sozial, physisch. Wichtige psychosoziale, wiederkehrende Themen sollen festgestellt werden. Im Fachspezifikum sind auch Übertragungs- und Gegenübertragungskonstellationen zu analysieren.

**Der Stockwerkbericht**

Die Stockwerkberichte beschreiben den Betreuungsprozess der zugeteilten Zimmer oder Station der PraktikantIn.

- Dieser Bericht soll im Wesentlichen die inhaltlichen Themen der Kontakte im Zimmer oder der Station, sowie die Bedürfnisse und Gewohnheiten dieser HeimbewohnerInnen beschreiben.
- Im Rahmen dieses Berichtes soll die Praktikumsleitung eine Rückmeldung über die Art der Betreuung erhalten. Die PraktikantIn soll auch begründen, warum welche Art der Begleitung sinnvoll wäre. Zum Beispiel kann eine Einzelbetreuung wichtig sein, weil die HeimbewohnerIn wenig Besuch erhält. Stockwerkbetreuung ist ausreichend, wenn eine SeniorIn viele andere Kontakte hat oder keine Einzelbetreuung wünscht. Vorschläge, an Aktivitäten des Hauses teilzunehmen, runden diese Betreuungsform ab.

Im Rahmen der regelmäßig stattfindenden Teamsitzungen werden gemeinsam mit der Praktikumsleitung Möglichkeiten der Betreuung reflektiert und weiterentwickelt.

**Der Abschlussbericht**

Vor Beendigung der Praktikumszeit ist gleichzeitig mit dem letzten Dokumentationsbericht ein Abschlussbericht über die gesamte Ausbildungszeit abzugeben. Er beinhaltet eine Reflexion über die Tätigkeit und soll auch Hinweise enthalten, was am Praktikum positiv beziehungsweise negativ erlebt wurde.

Für die Evaluierung der Praktikumsstelle sind zudem für jeden Tag, den die PraktikantIn tätig ist, Statistikblätter auszufüllen, in denen der tatsächliche Zeitaufwand der Betreuung dokumentiert wird.

## VII.7 Verschwiegenheitspflicht aus dem BGBL

Die Dokumentationen im Rahmen des Praktikums erfolgen, wie es das Gesetz vorsieht, in kodierter Form. Auf diese wird im Kapitel „Anforderungen an die PraktikantInnen" genauer hingewiesen.

Jede patientenbezogene Tätigkeit unterliegt der **Verschwiegenheitspflicht** nach dem **Psychotherapiegesetz** (BGBl. 361 vom 7. Juni 1990, § 15):

Der Psychotherapeut sowie seine Hilfspersonen sind zur Verschwiegenheit über alle ihnen in Ausübung ihres Berufes anvertrauten oder bekannt gewordenen Geheimnisse verpflichtet.

# VIII. Biografie- und Erinnerungsarbeit

> Zusammenfassung
>
> Ziel von Biografie- und Erinnerungsarbeit
> Wirkung von biografischer Orientierung
> Angewandte Methoden in der Praktikumsstelle
> Bedeutung von lebensgeschichtlicher Erzählung
> Abgrenzung von biografischer Arbeit zur Therapie
> Der Zeitzeugenbericht

Biografische Erhebungen und Gespräche sind Grundlagen in der psychosozialen Arbeit. Besonders in der Begegnung mit älteren Menschen sind biografische Orientierung und prozessorientiertes Denken anhand der Lebensgeschichte unerlässlich. Biografische Orientierung versteht sich als Arbeits- und Lebenshilfe und verändert die Tätigkeit mit älteren Menschen, somit auch die alltäglichen Begegnungen, die Einzelgespräche, aber auch die Kultur des Heimes. Konflikte, Widerstände und unverständliche Verhaltensweisen können dadurch besser eingeordnet und aufgelöst werden und fördern somit die Selbstachtung und das Selbstwertgefühl des alten Menschen. Die durch das Anknüpfen an positive Lebenserfahrungen aktivierten Selbstheilungskräfte öffnen den Blick für die Zukunft.

## VIII.1 Ziel von Biografie- und Erinnerungsarbeit

Erzählen unterstützt die Handlungsautonomie der HeimbewohnerIn, unterstützt sie in ihrer Planungskompetenz, kann ungelebte Anteile des

Lebens bewusstmachen und so Ressourcen zutage fördern, die ihre sozialen Kompetenzen stärken. Sobald die SeniorInnen die eigene persönliche Vielfalt mit all ihren Widersprüchen akzeptieren, respektieren sie auch die allgemeine Verschiedenheit sozialer Wirklichkeit.

## VIII.2 Auswirkungen von biografischer Erinnerungsarbeit

### Die Auswirkungen können sein:
Belebung der persönlichen Erinnerung, Förderung der Erzählkompetenz, Unterstützung des Selbstbewusstseins, Anregung zum sozialen Lernen durch die Gespräche von Jung und Alt. Die eigene Geschichte kommt in Einklang mit dem allgemeinen Erfahrungshorizont und dies wirkt entlastend und motivierend.

Durch das Erzählen der lebensgeschichtlichen Erinnerungen können starre Bilder entmythologisiert werden (zum Beispiel „Großfamilie", „die brave Jugend früher") und ergeben ein neues Verständnis, aber auch Hinweise darauf, wie die Betreuung gestaltet werden kann. Die biografische Arbeit kann dazu beitragen, dass sich das Altersbild in der Öffentlichkeit positiv verändert.

Im Praktikum orientiert sich die PraktikantIn an Formblättern, die zur Erhebung der Biografie verwendet werden.

Lebensgeschichtliche Erfahrungen werden entlang eines idealtypischen, gedachten Lebenslaufs geordnet. (Geburt, Kindheit, Schule, Beruf, Partnerschaft, erster Hausstand, Kinder, Politik, Krisen, Älterwerden …)

Damit Lebensberichte in einem definierten Sinn als „lebensgeschichtliche Texte" gelten, sollen diese gewisse Qualitäten aufweisen. In der Erzählung geht es um die selbstständige Entwicklung von Geschichten und Beschreibungen.

Die persönlichen Verhältnisse, aber auch die sozialen Interaktionen der Erzählenden erlauben einen Einblick in ihre Verhaltens- und Lebensweise.

Um die Erinnerung und das Erzählen persönlicher Erlebnisse anzuregen, müssen immer Impulse gesetzt werden. Biografisches Arbeiten mit älteren Menschen ist leider nicht selbstverständlich und als wichtiger Zugang zum lebensgeschichtlichen Verständnis des Menschen noch nicht genügend etabliert.

Um lebensgeschichtliche Aktivitäten leiten und führen zu können, ist eine Aneignung von speziellen Fähigkeiten notwendig, die über herkömmliche Ausbildungswege hinausgehen.

Die Fähigkeit, miteinander zu kommunizieren, sich selbst und den anderen als Menschen mit einer individuellen Lebensgeschichte zu sehen, wird schon in der frühen Jugend geprägt – im sozialen Gefüge von Familie, Schule und Gesellschaft.

In unserer schnelllebigen Zeit wird es immer schwieriger, sogenannte Chronologisierungen standardisierter Lebensläufe vorzunehmen. Wir wissen immer weniger, in welche Richtung das Leben verlaufen wird.

Dies betrifft auch die Kommunikationsfähigkeit und die sich stets verändernden Formen derselben. Handschriftliche Briefe an Freunde zu schicken ist fast aus der Mode gekommen. E-mails und SMS-Botschaften erreichen den Adressanten viel schneller. Kurze, sachliche Sätze ersetzen ausführliche Mitteilungen. Dementsprechend bleibt ein inspirierender Gedankenaustausch aus, Zusammenhänge, die persönliche Befindlichkeiten erhellen würden, fehlen.

In manchen Institutionen gibt es das Angebot, die eigene Lebensgeschichte in Form von „Lebensbüchern" für die Nachwelt zu hinterlassen – in sogenannten „Erinnerungsrunden" tauschen sich die HeimbewohnerInnen über ihr Leben aus. Die biografische Arbeit hingegen greift dieses Thema gezielt auf, schafft so eine Möglichkeit, sich auszutauschen, fördert das Interesse am DU und stellt ein soziales Gefüge dar, in dem Raum für intensiven Gedankenaustausch vorhanden ist.

Manche HeimbewohnerInnen können diese Möglichkeit von sich aus nicht nutzen. Sie müssen motiviert werden, über ihre Vergangenheit zu sprechen. Wir können ihnen dabei helfen, ihre Kommunikationsfähigkeit zu trainieren.

Die Dokumentation solcher Gespräche wirft zusätzlich ethische Probleme auf, da in Institutionen nicht immer sorgfältig mit persönlichen Problemen umgegangen wird.

Für Form und Inhalt der Erzählungen gibt es im Prozess keine Regeln – die freie Assoziation wird gefördert, wo scheinbar Zusammenhangloses an die Oberfläche kommt. Metaphern und Symbole werden gezielt eingesetzt, um persönliche Anteile transparent und verständlich zu machen. Durch den vorhandenen Leidensdruck des Klienten liegt im therapeutischen Prozess ein wesentlicher Fokus auf der Entlastung der aktuellen Lebenssituation.

Lebensgeschichtliche Erfahrungen sind mit Gefühlen verbunden. Diese Emotionen werden angesprochen und können helfen, die aktuelle Situation zu verstehen, Zusammenhänge herzustellen und diese zu integrieren.

Bei der biografischen Arbeit werden auftretende Gefühle üblicherweise nicht thematisiert und es liegt im Verantwortungs- und Kompetenzbereich des Gesprächsleiters, diese aufzugreifen und adäquat damit umzugehen.

Ein älterer, vielleicht auch gebrechlicher Mensch verfügt über ein labiles Abwehrsystem, das durch intensive Erlebnisse sehr schnell erschüttert werden kann. Aus unserer eigenen Berufserfahrung wissen wir, dass es sehr wichtig ist, mit diesen Erschütterungen behutsam umgehen zu können.

Diverse Studien belegen, dass das biografische Arbeiten den Zugang zu Ressourcen ermöglicht, gleichzeitig aber auch auf ungelebtes Leben aufmerksam machen und den Menschen mit seinen Schattenseiten konfrontieren kann. Und die auftretenden Gefühle benötigen einen professionellen Umgang.

Deshalb sind eine fundierte Ausbildung, regelmäßige Supervision und die Auseinandersetzung mit der eigenen Lebensgeschichte notwendige Voraussetzungen, um diese Form der Arbeit leisten zu können.

Es gibt bis dato noch keine zusammenhängenden Untersuchungen, welche Auswirkungen biografisches Arbeiten auf die Betroffen hat – nur Beschreibungen.

Dies könnte in Zusammenarbeit mit anderen Berufsgruppen evaluiert werden.

Die Erfahrungen in unseren Praktikumsstellen zeigen, dass unterschiedlichen PraktikantInnen unterschiedliche lebensgeschichtliche Inhalte mitgeteilt werden. Dies ermöglicht einen sehr umfangreichen Einblick in die Geschichte der HeimbewohnerInnen. Die Zusammenarbeit und Datenergänzungen im Team des Hauses sind unerlässliche Quellen, diese Erhebungen zu vervollständigen.

### VIII.3 Der Zeitzeugenbericht
### Biografiearbeit im Sanatorium Maimonides-Zentrum

Biografiearbeit im Sanatorium Maimonides-Zentrum erhält angesichts der beschriebenen Struktur und der BewohnerInnen, die in diesem Haus leben, eine zusätzliche Dimension.

Viele der jüdischen SeniorInnen sind erst nach Jahren des Auslandsaufenthaltes im hohen Alter wieder in ihre ehemalige Heimat zurückgekehrt. Selbst an ihrem Lebensabend werden sie noch von den schrecklichen Erlebnissen während der Zeit des Nationalsozialismus verfolgt. Nach lebenslangen Erfahrungen mit antisemitischen und rassistischen Ressentiments wollen sie, wenigstens an ihrem Lebensabend, nicht mehr damit konfrontiert werden. Das jüdische Alten- und Pflegeheim soll ihnen Schutz und Heimat bieten, die Bandbreite des Erlebten in irgendeiner Form zu bewältigen, zu ertragen und damit fertigzuwerden.

In sehr unterschiedlicher Art und Weise gehen auch die jüdischen SeniorInnen mit ihrer Geschichte um. In der psychosozialen Betreuung erleben wir HeimbewohnerInnen, die nicht über ihre Vergangenheit sprechen wollen und können, und das gilt es in aller Konsequenz zu respektieren.

Aber auch solche, die es als „Aufgabe" sehen, ihre Erinnerungen und Erfahrungen an die nachkommende Generation weiterzugeben, die gerne und wiederholt über ihre Kindheit, über die Zeit der Verfolgungen, den Aufenthalt im Konzentrationslager oder das Leben in der Emigration erzählen.

Hier erfolgt Biografiearbeit in der Auseinandersetzung mit all dem Schrecklichen, was sie erlebt und erlitten haben. Auch wenn sie über eine unglaubliche Fülle an Bewältigungsstrategien verfügen, so holt sie die Vergangenheit doch immer wieder ein. Gerade aber jene sind es, die im Erzählen immer wieder an Punkte kommen, wo Erinnerungslücken geschlossen werden können und wo die HeimbewohnerInnen im Anschluss an solche Gespräche von einem Gefühl der Entlastung berichten.

PraktikantInnen stehen hier vor einer großen Herausforderung in der Betreuung, in der es vor allem notwendig ist, dass sie von der Praktikumsleitung auf diese Traumatisierungen vorbereitet werden. Neben einem fundierten geschichtlichen Wissen über diese Zeit verlangt diese biografische Gesprächsführung höchste Sensibilität.

Den meisten gelingt es aber, diese Aufgabe im Rahmen des Praktikums so abzustimmen, dass speziell dieser Bereich zu einer tiefen und tragenden Beziehungsarbeit führt.

Aus dieser biografischen Erinnerungsarbeit sind „Zeitzeugenberichte" entstanden, die individuell, je nach Anliegen der HeimbewohnerIn, oftmals auch zu einer Dokumentation derselbigen führen.

Jene Berichte sind sehr vielfältig und sie reichen von der Erstellung eines Bildbandes von vorhandenen Fotografien, Karten, Briefen bis hin zu einer Niederschrift des Erlebten, wobei die PraktikantIn aufgefordert wird, sie dabei zu unterstützen. Sie stellt dabei gemeinsam mit der HeimbewohnerIn eine Chronologie des Erlebten her und leitet damit eine Reflexion des eigenen Lebens ein.

Dieser Prozess beansprucht oft Jahre und wird sehr oft an die nachfolgende PraktikantIn weitergegeben. Nicht selten werden von der HeimbewohnerIn eigenständig „Pausen" in der Erinnerungsarbeit verlangt und diese Zeit dient meist der „Erholung", das Erinnerte zu reflektieren und die emotionale Betroffenheit zu verarbeiten. Die Beziehung HeimbewohnerIn/PraktikantIn ist dabei meist schon so gewachsen, dass in dieser haltenden Begegnung die oft heftigen Gefühle schützend und stabilisierend getragen werden können.

Gerade hier ist die Tatsache, sich jederzeit an die Praktikumsleitung wenden zu können, von großer Bedeutung, die gleichermaßen den Prozess von außen „mit trägt".

Dokumentationen in Form von Vorträgen, die die HeimbewohnerInnen für interessierte Menschen abhalten, werden auch durch das Praktikumsteam betreut. So werden in dieser Form zum Beispiel die MitarbeiterInnen des Hauses und/oder SchülerInnen und StudentInnen über die Geschichte „hautnah" und durch die persönlich betroffenen HeimbewohnerInnen informiert und aufgeklärt. Dabei kommt es trotz aller „Sprachlosigkeit", zu der solche Erlebnisse führen, immer wieder zu anregenden Diskussionen.

Die PraktikantIn unterstützt die HeimbewohnerIn solche Vorträge vorzubereiten, und unterstützt auch Phasen der Unsicherheit durch gleich bleibende, stabilisierende Motivation.

Trotz der tragischen Erlebnisse, die die jüdischen HeimbewohnerInnen erlebt haben, haben sie nie den Mut und ihre positive Grundeinstellung verloren, ihre Situation zu meistern.

# IX. Anforderungen an die Leitung von Praktikumsstellen

> Zusammenfassung
>
> Verantwortungsbereich innerhalb der Praktikumsstelle
> Qualifikationen einer Praktikumsleitung
> Organisationsstruktur innerhalb des Praktikums
> Interdisziplinäre Sitzungen des Hauses
> Planung des Betreuungsbedarfs
> Zusammenarbeit mit den Führungskräften eines Heimes

Abgesehen von der Listeneintragung im Bundesministerium, die für jede Art von Praktikumsstellen zwingend ist, ist es notwendig, umfangreiche praktische und theoretische Kenntnisse im Bereich der Gerontologie und Geriatrie zu haben.

Zusätzliche Selbsterfahrung zum eigenen Altern und Sterben sowie spezielle Kenntnisse zur Psychopathologie des Alterns sind weitere Voraussetzungen, um die jungen, angehenden KollegInnen optimal unterstützen zu können.

Der persönliche Zugang zum alten Menschen und der unbedingte Wille, für diesen etwas zu bewegen, machen PsychotherapeutInnen in diesem Bereich auch zum Vorbild für die nachfolgende Generation, die ja direkt von der demographischen Entwicklung betroffen sein wird.

Die Leitung ist verantwortlich dafür, die Bedürfnisse des Hauses mit ihren HeimbewohnerInnen zu transportieren und laufend über deren aktuelle Situation informiert zu sein.

Konzept- und Berichterstellung sowie regelmäßige Teamsitzungen und persönliche Feedbacktermine gewährleisten Begleitung und Betreuung für die PraktikantInnen, um einen Lernprozess in der gerontopsychosozialen und -psychotherapeutischen Arbeit anzuregen und zu ermöglichen. Gleichzeitig gewinnt die Leitung durch das Verfassen der Berichte Einblick in das Beziehungsangebot von HeimbewohnerIn und PraktikantIn.

Die Führungsqualitäten einer Praktikumsleitung zeichnen sich durch kommunikative, gruppendynamische und teamfördernde Fähigkeiten aus. Es ist selbstverständlich, dass eine klare und transparente Organisationsstruktur dabei unerlässlich ist.

Daraus ergibt sich eine Synergie, die zwingend notwendig ist, um das psychotherapeutische Know-how umzusetzen.

**Die Organisationsstruktur betrifft:**
Administration, Verwaltung, organisatorische Abwicklung des Aufnahmeprozesses der PraktikantInnen sowie deren Betreuung und Begleitung. Reflexion und Entwicklung des Tätigkeits- und Lernprozesses der PraktikantInnen. Koordination von PraktikantInnen und Personal des Heimes. Statistik und Praktikumsentwicklung sowie eine jährliche Evaluierung runden das Tätigkeitsprofil der Organisationsstruktur ab. Die Transparenz der Struktur ermöglicht die erforderliche Kontrolle und Anleitung der PraktikantInnen. Dadurch wird es möglich, auftauchende Probleme innerhalb des Praktikumssystems zu erkennen, adäquat darauf zu reagieren und gegebenenfalls Adaptionen und Änderungen vorzunehmen.

Innerhalb dieser genau definierten Struktur wird das Sekretariat geführt, erfolgt die Öffentlichkeitsarbeit, werden Fort- und Weiterbildungsveranstaltungen erarbeitet und angeboten. Ebenso wichtig ist die Zusammenarbeit mit Ausbildungsinstitutionen.

Weiters trägt die Praktikumsleitung Verantwortung für die Ermittlung und Planung des Betreuungsbedarfs der einzelnen HeimbewohnerInnen aufgrund psychodiagnostischer Beurteilung, die durch persönliche Begutachtung und Koordination mit der fachärztlichen Versorgung und der Pflegedienstleitung durchgeführt wird.

Die Leitung ist bei den regelmäßigen Visiten des Hauses sowie beim geriatrischen Assessment vertreten und leistet dort informative Beiträge im multiprofessionellen Team. Dabei sind die psychologischen/psychotherapeutischen Gutachten, fallweise die Testergebnisse sowie die Mitteilungen und Wahrnehmungen der PraktikantInnen wichtige Hinweise in der Integration und Versorgung der HeimbewohnerIn.

Die gerontopsychosoziale Betreuungstätigkeit der Auszubildenden für die HeimbewohnerInnen wird im interdisziplinären Team angeordnet.

Die Leitung weist der HeimbewohnerIn eine PraktikantIn zu, die je nach Ausbildungsstand in der Lage ist, diese optimal zu betreuen.

Die PraktikantInnen erfahren in ihrer Fortbildung fachliche Anleitung und Begleitung bei ihrer praktischen Tätigkeit im Heim. Kenntnisse der Praktikumsleitung von methodenspezifischen Therapieansätzen sind dabei von Vorteil.

Die Leitung unterstützt die PraktikantInnen in persönlichen Einzelgesprächen und Teamsitzungen und sie ist es auch, die die schriftlichen Dokumentationen begleitet und reflektiert.

Die Leitung hat die Aufgabe, die gerontopsychosoziale Betreuung im Rahmen des Alten- und Pflegeheims transparent zu machen und in Kooperation mit dem Heim weiterzuentwickeln.

Hierbei zeigt die Erfahrung, dass qualitative gerontopsychosoziale Betreuung nachfolgende psychotherapeutische Maßnahmen erleichtern und begünstigen kann.

Die Praktikumsleitung wird in der Regel von mindestens zwei eingetragenen PsychotherapeutInnen getragen, deren fachliche Ausbildung sich unterstützend ergänzen soll.

# X. Fort- und Weiterbildung

> Zusammenfassung
>
> Verpflichtende Blockveranstaltungen
> Themen aus der Medizin, Biografie, Psychopharmakologie, Gerontopsychotherapie, Selbsterfahrung, Transfer- und Hebetechniken, Kommunikationsformen, psychische Störungsbilder im Alter

Erwartungen, Einstellungen, Gefühle und Gedanken über die Beziehungsgestaltung in der psychosozialen Betreuung von alten Menschen und Hochbetagten stellen für die PraktikantInnen eine Herausforderung dar. Deren positive Bewältigung ist uns ein besonderes Anliegen.

Um die qualitativ hochwertige psychosoziale Betreuung zu gewährleisten, ist es notwendig, die praktische Tätigkeit durch spezifisches, theoretisches Wissen zu unterstützen. Wir legen im Besonderen Wert darauf, dass alle PraktikantInnen (psychotherapeutisches Propädeutikum, Fachspezifikum, Psychologen, klinische und Gesundheitspsychologen, Lebens- und Sozialberater) auf ihre Arbeit in stationären Pflegeeinrichtungen gezielt vorbereitet und bei ihrer laufenden Tätigkeit unterstützt werden. Daher soll die Fortbildungsreihe nach Möglichkeit am Beginn des Praktikums besucht werden.

Sie gliedert sich in drei Blöcke zu je zehn Unterrichtseinheiten und soll einen kompakten Einblick in das Gebiet der Gerontologie, Psychopharmakologie und Gerontopsychotherapie bieten.

## X.1 Blockveranstaltungen

**Block A**
- Einführung in die Gerontologie
- Altersbilder/Lebensabschnitte
- Ressourcen und Kompetenzen im Alter – das geriatrische Assessment
- Biografie- und Erinnerungsarbeit
- Psychische Störungsbilder im Alter
- Formen der Demenz
- Beratung/Psychotherapie – Psychosoziale Interventionsformen
- Psychotherapie im Alter

**Block B**
- Erstellen von Dokumentationen und Betreuungsberichten
- Der psychopathologische Befund in der Gerontologie
- Krisenintervention und Traumabegleitung im Alter
- Kommunikationsformen und Beziehungsgestaltung in der psychosozialen Betreuung
- Übertragungskonstellationen im Gerontobereich
- Spezielle Anforderungen an die PsychotherapeutInnen, BeraterInnen
- Selbsterfahrung zum eigenen Altern mit der Katathym-Imaginativen Psychotherapie

**Block C**
- Der Körper im Alter
- Transfer- und Hebetechniken mit alten Menschen
- Der Körper als Ausdruck in der Beziehungsgestaltung
- Entspannungsverfahren und Atemtechniken
- Psychopharmakologie in der Gerontologie

Die Durchführung von Fortbildungsveranstaltungen im Rahmen des Praktikums fördert neben der Vermittlung von theoretischem Wissen auch den Gruppenprozess des Teams. Es entstehen herzliche und unterstützende Kontakte innerhalb der PraktikantInnengruppe und nicht selten entwickeln sich hier Freundschaften, die noch lange weiterbestehen.

Die Auseinandersetzung mit den angrenzenden Berufsgruppen durch das Zusammentreffen interdisziplinärer AusbildungskandidatInnen aus den Fachbereichen Psychologie, Psychotherapie und Lebensberatung wirkt sich sehr fruchtbar auf die Zusammenarbeit aus und neben der theoretischen und praktischen Ergänzung trägt dies zu einer Bereicherung im Arbeitsfeld bei.

## X.2 Externe Fortbildungen

Die Praktikumsleitung bemüht sich regelmäßig, externe Fortbildungen zu organisieren, die Spezialbereiche wie Validationsverfahren – die Inhalte werden in dem Kapitel Validation erörtert –, Grundlagen der Palliativbetreuung und Sterbebegleitung zum Inhalt haben.

Jene Seminare sind jedoch nicht verpflichtend und richten sich nach Engagement und Möglichkeiten der jeweiligen PraktikantInnengruppe.

# XI. Methodenspezifische Ansätze in der gerontopsychosozialen Betreuung

Zusammenfassung

Die Katatym-Imaginative Psychotherapie (KIP)
Selbsterfahrung im KIP
Die psychotherapeutische Körper- und Bewegungsarbeit
Positives Körperbild im Altern
Selbsterfahrung zum Thema Körperbild
Der Körper als Ausdruck der Beziehungsgestaltung
Bewegungsstörungen im Alter
Der alternde Körper

Die Autorinnen, die diese Praktikumsstruktur aufrechterhalten und ständig weiterentwickeln, können naturgemäß auch das eigene methodenspezifische Verfahren auf die Anwendbarkeit in der Gerontologie und den speziellen psychosozialen Ansätzen überprüfen und ihr Wissen an die PraktikantInnen weitergeben.

So beinhaltet die verpflichtende Fortbildungsreihe sowohl tiefenpsychologische, katatym-imaginative als auch körpertherapeutische Ansätze, vertreten durch die Autorinnen.

## XI.1 Die Katathym-Imaginative Psychotherapie
(Alexandra Löw-Wirtz)

Die Katathym-Imaginative Psychotherapie, im Folgenden KIP genannt, ist von H. C. Leuner 1955 gegründet worden.
Sie ist vor allem durch drei Merkmale gekennzeichnet:

- die tiefenpsychologisch-theoretischen Grundlagen
- die Imaginationen
- die Arbeit am Symbol

Das heißt, zusätzlich zum therapeutischen Gespräch arbeitet die TherapeutIn mit induzierten Tagträumen, den Imaginationen.

Diese Träume werden von der TherapeutIn verbal begleitet, die TeilnehmerInnen lassen zu den vorgegebenen Themen Vorstellungen, Bilder, Symbole entstehen. Im Gegensatz zu einer Einzelsitzung, wo die KlientIn mit der TherapeutIn im Dialog ist, bleiben die TeilnehmerInnen der Gruppe in dieser Form des Gruppensettings still, jeder „bildert" für sich, die Reflexion und der Austausch über die Erlebnisse erfolgen nach Beendigung der jeweiligen Sequenz. Anders ist es bei der Gruppenselbsterfahrung, wo die TeilnehmerInnen miteinander „bildern", im Dialog stehen, die TherapeutIn beobachtet, die Imagination nur ein- beziehungsweise ausleitet und sich erst in der Nachbesprechung aktiv einbringt.

In diesem speziellen Fall haben die PraktikantInnen die Gelegenheit, über die Imagination ihre eigenen Vorstellungen vom Altsein zu erfahren.

Dies ermöglicht frühzeitig Veränderung von Verhaltensweisen oder Einstellungen und die PraktikantInnen können sich Gedanken machen, welche Teile ihrer Persönlichkeit vielleicht noch reifen und entwickelt werden können.

Da diese Bilder sehr häufig von starken Affekten begleitet sind, ist die Nachbesprechung ein sehr wichtiger Punkt, dem die TherapeutIn besonderes Augenmerk zu schenken hat.

## XI.1.1 Selbsterfahrung zum Thema Altern mit der Methode KIP

Die Imaginationen sind in zwei Sequenzen zu je circa 20–30 Minuten unterteilt. Die Altersangabe, die diese Sequenz einleitet, richtet sich immer auch nach dem derzeitigen Alter der PraktikantInnen. Diese beiden Imaginationsteile sind speziell auf die Thematik Altern, Ressourcen, Sinnfindung zugeschnitten und sollen die PraktikantIn auf die damit verbundenen Befindlichkeiten einstimmen.

Im Nachgespräch hat jede PraktikantIn die Gelegenheit, über Ihre Erfahrungen und Bilder zu sprechen, und hier zeigen sich viele Gemeinsamkeiten, aber auch sehr viele Unterschiede.

In der ersten Sequenz wird die Vorstellung von sich als 60-Jährige angeboten, mit der die PraktikantIn mittels gezielter Fragen durch die TherapeutIn durch die entstehenden Bilder geführt wird.

Die Erfahrung zeigt, dass sich die meisten ihren älteren Körper gut vorstellen können. Viele erkennen hier einerseits Wunschbilder (wäre gerne schlank, ich muss aufpassen, dass ich mich immer genug bewege), andererseits Angstbilder (ich sitze im Rollstuhl und bin auf Hilfe angewiesen). Sehr häufig entsteht die Vorstellung eines Körperbildes durch Erinnerung an die Großmutter. Mit 60 Jahren haben viele durchaus Pläne, Freunde, einen erfüllenden Beruf und jede Menge Ressourcen, die in dieser Phase häufig auch materielle Aspekte beinhalten. Der Blick zurück gleicht einem „was ich schon alles geschafft habe" und ist daher meist positiv besetzt. Der Bereich der Partnerschaft bringt für viele spannende Aspekte („ich bin mit meinem Mann immer noch so glücklich", „ich habe einen anderen Partner und versteh nicht, wieso") und auch hier lassen sich in der Nachbearbeitung unbewusste Trennungswünsche und/oder Idealisierungen differenzieren.

In der zweiten Sequenz wird die Vorstellung von sich als 85-Jährige angeboten, bei der es für die meisten PraktikantInnen viel schwieriger wird, sich den eigenen Körper vorzustellen. Daher ist in der Imagination viel Zeit zu geben, bis das entsprechende Bild von sich zu diesem Alter entstehen kann. Die Vorstellung von ihrem Körperbild in dieser Altersphase macht viele sehr traurig, weil die Beweglichkeit und die Bewegungsfreiheit bei den meisten deutlich eingeschränkt sind. Bei vielen tauchen hier ihre betreuten HeimbewohnerInnen auf und die damit verbundene Situation, im Altenheim zu leben, die für fast alle PraktikantInnen keine angenehme Vorstellung ist. So sind sie in Bildern dazu angeregt, eine Wohnsituation zu imaginieren, die ihnen besser erscheint, und es ist immer wieder erstaunlich, wie kreativ hier die TeilnehmerInnen werden („ich habe eine kleine Dachterrassenwohnung und eine Pflegerin zu Hause", „ich habe mich mit Freundinnen zusammengeschlossen und wir leisten uns gemeinsam Pflege, Putzfrau und Essen aus irgendwelchen Restaurants"). Der Blick zurück auf das Leben ist ja auch ein Blick auf das aktuelle Alter und hier werden manchmal Lebenszustände bewusst, die unbefriedigend erlebt werden und die sich so, in der Nachbesprechung bewusst gemacht, noch korrigieren lassen. Viele PraktikantInnen erleben in dieser Sequenz auch sehr emotional besetzte Erinnerungen an verstorbene Eltern oder Großeltern und dies verstärkt die Angst vor dem Alleinsein im Alter. Die Erinnerung an die Ressourcen schafft hier immer Erleichterung, diese haben sich aber oft verändert und beinhalten nun Erinnerungen, Wissen, Lebensweisheit, Kinder, Liebeserfahrungen, Bücher, die erfüllende Arbeit et cetera. Was die Zukunftspläne betrifft, so sind diese auf die Gesundheit und Lebenszufriedenheit konzentriert, der eine oder andere möchte sein Wissen niederschreiben, die Enkelkinder öfter sehen, einen Partner haben, um nicht allein zu sein. Die Sexualität, die mit 60 Jahren noch einen wichtigen Stellenwert hat, ist in der Vorstellung der 85jährigen deutlich verändert. Hier ist der Wunsch nach Körperkontakt sehr stark verbunden mit der Vorstellung, jemanden berühren zu können oder von jemandem berührt, gestreichelt, geküsst zu werden.

Somit spiegeln sich auch beim Imaginieren zum eigenen Alter all jene Probleme wieder, mit denen die PraktikantInnen in der Betreuung mit den HeimbewohnerInnen konfrontiert werden. Dies macht sie sensibel und empathisch und sie können eine sehr viel bewusstere Betreuung gestalten.

Die dritte Sequenz, die den Transzendenzprozess, den Abschied vom Leben und den Übergang in eine andere, uns unbekannte Dimension beinhaltet und sich daher auch massiv mit dem Thema Sterben und Tod auseinandersetzt, wird im Rahmen der verpflichtenden Fortbildungsreihe im Praktikum nicht angeboten. Jedoch in externen Fortbildungsreihen, wo sich unter anderem auch PraktikantInnen und interessierte KollegInnen dem Thema stellen können. In dieser dritten Sequenz kommen meist unbewältigte, verdrängte Inhalte und Erlebnisse hoch, die tiefe, bewegende

Gefühle und nicht selten auch Ängste bei den TeilnehmerInnen auslösen, die nur innerhalb einer mehrstündigen Gruppenselbsterfahrung aufgearbeitet werden können.

## XI.2 Die psychotherapeutische Körper- und Bewegungsarbeit
(Elisabeth Grünberger)

Die Tatsache, dass viele Prozesse im Älterwerden sich auf der Körperebene manifestieren und auch darüber kommuniziert werden, begründet hier das Weitergeben von theoretischem Wissen über Grundlagen der Körperbildentwicklung und -entstehung.

Ergänzend zu dem Erleben im Selbsterfahrungsteil nach der Methode KIP können hier weitere nachhaltige praktische Erfahrungen im Umgang mit den HeimbewohnerInnen gesammelt werden als auch die eigenen Vorstellungen vom Altern reflektiert werden.

Da der Körper immer auch Ausdruck einer Beziehungsgestaltung ist, kommt diesem Thema besondere Bedeutung sowohl in der Theorie als auch in praktischen Beispielen zu.

Dies betrifft vor allem eine Sichtweise, die alle Interaktionen und Interventionen unter dem Blickwinkel von Körpergeschehen wahrnimmt. Die Handlungsprozesse, die innerhalb der psychosozialen Betreuung entstehen, und die körperliche Beziehungsdynamik werden dabei untersucht und reflektiert.

### XI.2.1 Ein positives Körperbild des Alterns

**Das Körperbild**
- Das Körperbild bezieht sich auf die subjektive, ständig sich verändernde Vorstellung eines Individuums von seinem eigenen Körper.
- Das Körperbild ist ein Konzept über das Selbst als ein physiologisches und psychologisches Phänomen.
- Die kienästhetische Wahrnehmung ermöglicht uns Bewegung zu erlernen, kreativ mit Bewegung zu arbeiten, das „Selbst" zu erreichen.

- Das Körperbild entsteht gemäß der entwicklungspsychologischen Phasen und muss sich immer wieder den veränderten Lebensbedingungen anpassen.

**Manifestation im Altern**
- Wahrnehmen und Akzeptieren des langsamen Alterungsprozesses
- Bewusstwerden der einschränkenden Möglichkeiten und Anpassung an diese Veränderung
- Annehmen des Alterns als ein fortlaufendes Wachstum der Erfahrungen des „Erwachsen-Seins" im Gegensatz zum Negativ-Attribut des „Nicht-jung-Seins"

**Manifestation der Dysfunktion**
- Mangel an Akzeptanz des Älter- bzw. Erwachsenwerdens
- Aktivitäten, die nicht/wenig der physischen Konstitution des Individuums entsprechen
- Über- oder Unterbewerten der physischen Konstitution
- Verneinen des Älterwerdens
- Identifikation mit der Jugend durch Kleidung, ähnliches Verhalten etc.

Das Wissen um den eigenen Körper reiht sich ein in die innere Dimension des Erlebens und Fühlens, fließt kontinuierlich in unser Verhalten ein, beeinflusst das Denken und ist für das psychische Wohlbefinden wesentlich verantwortlich. Das Bild des eigenen Körpers ist integrativer Bestandteil des Selbstbildes. Aus der Reaktion der Umwelt auf den eigenen Körper erwirbt der Mensch Kenntnisse und Bewertungen über diesen. Das Körperbild ist Teil der Persönlichkeit jedes Menschen.

Die Entwicklung einer Ich-Identität vollzieht sich immer in der Auseinandersetzung mit der sozialen Umwelt. Die Ausbildung einer Körperidentität ist von gesellschaftlichen Einflüssen maßgeblich geprägt.

Wenn nun der Alltag bestimmt ist vom endlosen Kampf gegen das Altern, so stellt sich die Frage nach der Umsetzbarkeit der Ausbildung eines positiven Körperbildes im Alter. Geht man jedoch davon aus, dass Selbstreflexion Bestandteil des Menschseins ist, unabhängig von Lebens- und Alternsphasen, und dass Reflexion selbst ein Prozess ist, so ist auch unser Körperbild ständig im Fluss. Wie wir unseren Körper in verschiedenen Situationen reflektierend wahrnehmen und bewerten, bestimmt, ob wir diesen annehmen können oder auch nicht.

> Die körperlichen Grenzerfahrungen im Alter, seien es Schmerzen oder Nachlassen der Kräfte, lassen den Körper intensiver spüren und bringen ihn uns näher, für manchen vielleicht so nahe, dass das Altsein selbst ausschließlich an diesem und dessen Verfassung festgemacht wird und der alte Mensch mehr und mehr zu seinem eigenen Körper wird, zum „Corpus", [...] der ihn zwingt, sich mit ihm, diesen Leib, zu befassen, ja endlich zum Leibe und zu sonst nichts zu werden.
> 
> (Amery, 1968, S. 48)

Die damit verbundenen negativen Gefühle oder Assoziationen sind nachzuvollziehen und überaus menschlich. Problematisch ist aber auf persönlicher Ebene eine Pauschalierung dieser Empfindungen hin zu einem generell negativen Körperbild und auf gesellschaftlicher Ebene eine defizitäre Bewertung des alten Körpers.

Aus Zeugnissen und Erfahrungen alter Menschen wird deutlich, dass diese ihren Körper so lange als zeitlos empfanden, bis ihnen zum ersten Mal körperliche Grenzen bewusst wurden.

Aus dem Imago eines „zeitlosen Selbst" in einem alternden und sich verschlechternden Körper erhebt sich nun ein neues Bewusstsein, nämlich das des „Körper-Selbst", das sich ändern und erkennen musste, alt „zu sein".

Diese Erkenntnis, alt zu sein, lässt den alten Menschen Zeit spüren und der Endlichkeit des Lebens und der Unabhängigkeit des Todes gewahr werden und wird vor allem am Körper-Leib bewusst. Das ureigenste Verhältnis zum Körper bestimmt das persönliche Körper-Selbstbild.

Das Verhältnis zum Körper ist höchst subjektiv geprägt, aber in dieser Subjektivität wiederum kann es sich kulturellen Momenten nicht entziehen und wird auch erst durch diese ermöglicht.

### XI.2.2 Selbsterfahrung zum Thema Körperbild

Anhand von Wahrnehmungsaufgaben werden im praktischen Teil zum Thema Körperbild den PraktikantInnen Übungs- und Reflektionsflächen geboten, in denen sie basale Vorstellungen über die Entwicklung ihres eigenen Köperbildes bekommen können. In der verbalen Reflexion können diese aufgearbeitet werden und finden eine Überleitung zu einer Vorstellung, in einem alten Körper zu „wohnen", indem sie aufgefordert werden, die Positionen, Haltungen, Gesten, Mimiken einer HeimbewohnerIn nachzuahmen. Durch die körperliche Identifizierung kann neuer Zugang und Verständnis zu ihrem anvertrauten alten Menschen entstehen. Das eigene körperliche Erleben macht zudem auch viele Facetten von möglichen Gefühlsqualitäten transparent – wie es sich zu Beispiel anfühlen kann, immer so zu sitzen, et cetera und welche Hilfestellung hier eventuell Erleichterung bringen könnte.

### XI.2.3 Der Körper als Ausdruck in der Beziehungsgestaltung

Körpertherapeutische Verfahren und deren Ansätze stützen sich oft auf tiefenpsychologische und/oder humanistische Theorien der Entwicklung und der Krankheitslehre.

Meistens werden Bewegung und kinästhetische Wahrnehmung dazu verwendet, den therapeutischen Prozess in Gang zu bringen und ihn zu strukturieren. Im verbalen Geschehen wird dieser dann reflektiert und aufgearbeitet. Verbale Reflexion ist hier ein Mittel zur Förderung der Bewusstwerdung und Integration von Körper- und Bewegungserfahrung, ist mitunter jedoch nicht ein unerlässlicher Wirkfaktor der Therapie. Auf die Sprache ganz oder teilweise verzichten zu können ist von Bedeutung, wenn die HeimbewohnerIn nicht über die Sprache zugänglich ist oder wenn die Störungsursache in einer vorsprachlichen Erfahrung liegt. Daher ist im Umgang mit vielen Formen der Demenz als auch anderer psychischer und kognitiver Störungen im Alter körpertherapeutisches Basiswissen von Vorteil.

Körpererleben und Bewegung in seiner psychotherapeutischen Anwendung erfordert von der TherapeutIn ein gezieltes methodisches Vorgehen und fundierte Kenntnisse der Psychodynamik des Menschen.

Die therapeutischen Wirkfaktoren von psychotherapeutischer Körper- und Bewegungstherapie sind:

- Der Körper und die Psyche stehen in ständiger, reziproker Interaktion miteinander.
- Die therapeutische Bewegungs-/ Körperbeziehung ist zentral zur Wirkung aller anderen therapeutischen Techniken. Sie beruht auf der Annahme, dass die Persönlichkeit interaktiv geformt wird durch die frühen Beziehungen des Kindes.
- Der Körper und seine Bewegungen spiegeln die Persönlichkeit wieder. Die Bewegung und der Körper ist Zugang zum Unbewussten und Mittel zur Reintegration des unbewussten Materials in das Bewusstsein
- Kreative Körper- und Bewegungsprozesse sind an sich heilsam, da die Neu-Schaffung von Bewegung und Körpererleben für die Person den Erwerb fehlender oder die Erweiterung begrenzter Formen des „In-der-Welt-Seins" beinhaltet.

Das Ziel ist, über Körpergewahrsein und über die Entwicklung eines realistischen Körperbildes intrapsychische Konflikte und strukturelle Defizite zu bearbeiten, sowie den Erwerb neuer Möglichleiten der Beziehungsgestaltung zu fördern.

Die Übungen, die in der Fortbildungsreihe angeboten werden, vermitteln basale Grundgedanken und Haltungen, die sich auf der Körperebene im Umgang mit der HeimbewohnerIn spiegeln:

Die Bedeutung einer **„kinästhetischen Empathie"**, wobei sich die PraktikantIn in das Köpererleben und die Bewegungsqualität einer oder mehrere Modalitäten der HeimbewohnerIn einfühlt, „das Spiegeln", wobei der emotionale Gehalt des Bewegungsausdrucks der HeimbewohnerIn in der PraktikantIn räsoniert werden kann, et cetera.

Die Gewährung einer **„haltenden Atmosphäre"**, die sich auch im Körpergeschehen von HeimbewohnerIn/PraktikantIn ausdrückt und geübt werden kann, unter welchen Bedingungen sich ein Mensch „gehalten" fühlt – das heißt eine Anpassung des Vorgehens und eine Abstimmung der Körpersprache an die speziellen Bedürfnisse der HeimbewohnerIn.

Die Schaffung einer **„konfliktfreien Ichsphäre"**, wobei die gesunden Potenziale, beziehungsweise die initiale Stärkung vorhandener Körperqualitäten im Vordergrund steht.

Durch das praktische Üben mit den Körpererfahrungen rund um ihre HeimbewohnerInnen kann auch eine somatische Übertragung/Gegenübertragungsbearbeitung in der Gruppe reflektiert werden, das heißt, die PraktikantInnen werden aufgefordert ihr eigenes Körperverhalten in der Betreuungsbeziehung zu reflektieren und neu zu gestalten.

Das Erlernen von Entspannungsverfahren und Atemtechniken, die in ihren basalen Formen sehr leicht und effizient auch beim alten Menschen zur Anwendung kommen können, runden die Fortbildungsreihe ab.

Dabei ist das eigene Erleben im Sinne einer erfahrbaren Selbstreflexion durchgängig im Vordergrund und erst im Anschluss werden Verbindungen zu ihrer Betreuungstätigkeit hergestellt.

### XI.2.4 Bewegungsstörungen

Die Krankheitsbilder – Status post Insult mit häufig bestehender Hemiparese, die Osteoporose, Morbus Parkinson und die Oberschenkelhalsfraktur – gelten als die häufigsten Bewegungsstörungen, mit denen PraktikantInnen in einem Alten- und Pflegeheim konfrontiert werden. Hier werden die theoretischen Hintergründe vermittelt und praktische Übungen zu Hebe- und Transfertechniken geübt, die den PraktikantInnen den Umgang mit den HeimbewohnerInnen erleichtern, da sie ja sehr oft im Rahmen ihrer Betreuungszeit in die Situation kommen, Ort- und Lagewechsel vornehmen zu müssen. Die adäquate Begleitung mit Gehhilfen wie Rollwagen, Krücken und Gehstöcken sowie das Begehen von Stiegen und das Gehen auf unebenem Gelände runden diesen Teil ab.

### XI.2.5 Der alternde Körper

Definitionen, die versuchen dem Alternsprozess gerecht zu werden, ist gemeinsam, dass sie hinsichtlich des Alterns die Spannung zwischen Funktionsverlust und Leistungsabbau auf der einen Seite und unbegrenzten Kompetenzen und Wachstumsmöglichkeiten auf der anderen Seite thematisieren, mit dem Versuch, einen Ausgleich zwischen beiden Polen zu schaffen und keinen zur alleinigen gedanklichen Leitlinie zu machen.

Altern umfasst stets Gewinne UND Verluste und ist somit mehr als nur Abbau ODER Wachstum.

Die Vielzahl der körperlichen Veränderungen, deren Auftrittswahrscheinlichkeit mit steigendem Alter wächst, ist zahlreich beschrieben und allerorts bekannt.

Darüber hinaus besteht eine Wechselbeziehung zwischen Alter und Krankheit, aber eine Gleichsetzung von Alter und Krankheit ist nicht legitim.

Durch die Eingebundenheit des Menschen in seinen Körper, hinterlässt der biologische Alterungsprozess seine sichtbaren Spuren, die zum Teil geschlechtsspezifisch variieren.

Dass psychische und soziale Aspekte in engem Zusammenhang mit den biologischen Vorgängen stehen, wurde nun ausreichend beschrieben.

Die demographischen und strukturellen Veränderungen beeinflussen das existierende Altersbild in unserer Gesellschaft und es lassen sich unterschiedliche Entwicklungstendenzen ableiten.

Auf der einen Seite ist ein extrem negatives Altersbild zu beobachten, welches mit zahlreichen Adjektiven – wie unfähig, ungeschickt, unkreativ, krank, behindert, sexuell nicht interessiert, isoliert, hat Angst vor neuen Dingen – behaftet ist und dem gegenüber steht der unabhängige, gut situierte, dynamische und gesunde Senior – der Begriff der neuen Alten: sie wollen genießen, reisen und kaufen und sind bildungshungrig.

Zwar tragen die heute zu beobachtenden differenzierteren Sichtweisen zu einer positiveren Wahrnehmung des Alters bei, jedoch ist auch diese zur Veridealisierung neigende Betrachtung kritisch zu bewerten, da es ihr nicht gelungen ist, reale Verluste und Grenzen des Alters zu integrieren, und letztendlich zur Ausgrenzung des (hohen) Alters beiträgt.

Wenn die Körperfunktionen nachlassen, die Haut erschlafft und zu „welken" beginnt, das Gedächtnis zusammenfällt, die jugendliche Vitalität schwindet, wenn die Zeit sichtbare Spuren am Körper hinterlässt – die Falten – dann signalisiert dies das beginnende Ende von Schönheit, den natürlichen „Verfall" der Schönheit aufgrund des menschlichen Alterungsprozesses. Der alte Körper entzieht sich der Pflicht, Jugendlichkeit und Schönheit zu repräsentieren.

Das Wort „alt" ist nicht von vornherein mit dem Attribut hässlich ausgestattet, sondern erfährt dies erst in einem sozial-kulturellen Interpretations- und Bewertungsprozess. In diesem Sinn ist nicht nur Jugendlichkeit, sondern auch Alter ein soziales Konstrukt.

Zuschreibungen wie Schwerfälligkeit in den Bewegungen – gebückte Haltung, gemächliche Schritte, arhythmische und unkoordinierte Bewegungen, Langsamkeit im Denken und im Handeln, Gebrechlichkeit, Starrheit, Abhängigkeit, Senilität, Inkontinenz und körperlicher Kontrollverlust, die mit dem alten Körper in Verbindung gebracht werden, sind in der Gesellschaft Inbegriffe für Unattraktivität und Un-Ästhetik.

So ist der Kult um die jugendliche Schönheit daraus zu erklären, dass Schönheit die Chance darstellt, die Vergänglichkeit zu vergessen, während uns das Alter vergegenwärtigt, dass der jugendlichen Schönheit gleichwohl Vergänglichkeit innewohnt.

Durch die Erkenntnis der eigenen Vergänglichkeit und den Verlust jugendlicher Attraktivität stellt das Älterwerden eine fundamentale narzisstische Kränkung für alle Menschen dar, die schwer zu ertragen und auszuhalten ist.

Als Hintergrund der Utopie jeglicher Verjüngungsgedanken steht der Wunsch nach Unsterblichkeit. Die Angst vor dem Tod als menschliche Urangst scheint die Hauptursache für die Vergötterung der Jugendlichkeit und der daraus resultierenden Ablehnung des Alters – in welchen Ausdrucksformen auch immer – zu sein.

Der Mensch weiß zwar um seine eigene Endlichkeit, kann aber nicht an sie glauben.

In vielen Weltreligionen findet man in diesem Zusammenhang das Motiv des ewigen Lebens.

Nicht zu Unrecht nennt T. Meyer (1993) unsere Gesellschaft eine **„Kultur der Verdrängung"**, die gerade im Altersdiskurs deutlich wird. Verdrängt wird das, was Angst macht, und Alter mit den verbundenen Verlusten und Einschränkungen macht Angst, eine allzu verständliche Angst, und es wäre falsch und vermessen zu verlangen, diese abzustreiten. Doch gerade hier liegt das Problem:

Die Angst wird oft nicht zugelassen. Nicht nur das Alter wird verdrängt, sondern selbst die Furcht davor.

Gerade weil der eigene Tod derart unfassbar, unvorstellbar und abstrakt bleibt, erzeugt er Angst. Diese Angst wird verlagert auf das, was ihm vorausgeht, auf Altern und Sterben. Das Alter und der alte Körper tragen das Ende in sich. Der Tod trägt ein altes Gesicht.

# XII. Validation

> **Zusammenfassung**
>
> Methode
> Entwicklungspsychologischer Ansatz
> Vier Kategorien
> Verhaltensprinzipien
> Entwicklungsprinzipien
> Psychologische Prinzipien
> Validationstechniken

Validation heißt „wertvoll" und ist eine spezielle Form der einfühlenden Kommunikation mit sehr alten, verwirrten Menschen. Die von Naomi Feil 1963 in den USA entwickelte Methode wird heute in fast allen Alten- und Pflegeheimen, Tageszentren und anderen geriatrischen Einrichtungen angewandt.

Diese Methode geht dabei davon aus, dass hinter jedem Verhalten eine Ursache steckt. Sie erkennt das Gegenüber als einzigartig und wertvoll und versucht über uneingeschränkte Akzeptanz Zugang zu verwirrten Menschen zu finden.

Naomi Feil selbst bezieht sich in ihren theoretischen Annahmen auf die Grundpfeiler der personenzentrierten Gesprächstherapie nach Carl Rogers. Dieser hebt vor allem drei therapeutische Grundhaltungen hervor:

- Einfühlendes Verstehen
- Bedingungslose Wertschätzung
- Kongruenz, die Echtheit und Aufrichtigkeit der TherapeutIn

Validation geht von der Annahme aus, dass die Verwirrtheit von sehr alten Menschen Sinn macht und nicht bloß eine hirnorganische Störung ist. Ausgehend von dem entwicklungspsychologischen Ansatz von Erik Erikson hat jedes Lebensstadium verschiedene psychische und soziale Aufgaben, die zu bewältigen sind. Der Rückzug von alten, verwirrten Menschen in die Vergangenheit ist daher ein entwicklungsgeschichtlich lebensnotwendiger Akt. Damit wird Gefühlen und Erlebnissen, die früher nicht gelebt, gelöst oder verarbeitet wurden und nun an die Oberfläche wollen, Beachtung geschenkt, damit diese bewältigt werden können. Alten Menschen, die diese Gefühle oft als Angst machend und schmerzvoll erleben, soll in dieser Situation beigestanden werden – durch die Validation dieser Gefühle. Naomi Feil sagt dazu „in den Schuhen des anderen gehen" und meint damit, das bedingungslose, einfühlende Akzeptieren des alten Menschen, so wie er gerade ist; das Einfühlen in seine eigene Gefühlswelt, ohne diese zu be- oder verurteilen.

> Jemanden zu validieren bedeutet, seine Gefühle anzuerkennen, ihm zu sagen, dass seine Gefühle wahr sind. Das Ablehnen von Gefühlen verunsichert den anderen. In der Methode der Validation verwendet man Einfühlungsvermögen, um in die innere Erlebniswelt der sehr alten, desorientierten Person vorzudringen. Einfühlungsvermögen – in den Schuhen des anderen gehen – schafft Vertrauen. Vertrauen schafft Sicherheit, Sicherheit schafft Stärke – Stärke stellt das Selbstwertgefühl wieder her, Selbstwertgefühl verringert Stress.
> (Naomi Feil, Validation. Ein neuer Weg zum Verständnis alter Menschen. Wien 1992, S. 11)

Naomi Feil hat ihre Methode der Validation in Kategorien eingeteilt, mit denen es möglich ist, das Verwirrtheitsverhalten in verschiedene Grade einzuteilen. Der theoretische Hintergrund dieser Methode beschreibt die Entwicklungsaufgaben dieser sehr alten, desorientierten Menschen und die spezielle Technik, die der Validation zugrunde liegt. Diese ermöglicht es den Menschen, in ihrem Leben Würde und Sinn zu finden und sich weiterzuentwickeln.

Im Mittelpunkt steht immer der einzelne Mensch mit all seinen Eigenheiten und seiner ganz persönlichen Lebensgeschichte.

FEIL unterscheidet vier Gruppen desorientierter Menschen, je nach Schweregrad der Desorientiertheit:

**Stadium I:** mangelhafte, unglückliche Orientierung an der Realität
**Stadium II:** Zeitverwirrtheit, Verlust der kognitiven Fähigkeiten
**Stadium III:** Sich wiederholende Bewegungen als Ersatz für sprachlichen Ausdruck
**Stadium IV:** Vegetieren, vollständiger Rückzug nach innen

Viele dieser Menschen kommunizieren eher nonverbal als verbal und verleihen ihren Gefühlen durch Singen, Weinen, Summen, Tanzen, Kinderreime, typische Körperbewegungen oder ritualisierte Handlungen Ausdruck.

FEIL unterscheidet zwischen Verhaltensprinzipien, Entwicklungsprinzipien und psychologischen Prinzipien, die wir hier im Originalzitat, etwas gekürzt, wiedergeben wollen:

1. Verhaltensprinzipien
a) Früh Erlerntes, Gefestigtes bleibt erhalten. Wenn das Kurzzeitgedächtnis schwindet, tritt das früh Erlernte zutage.
b) Ein Ereignis der Gegenwart kann eine frühere Erinnerung auslösen. Vergangenheit und Gegenwart verschmelzen miteinander.
c) Ein körperlicher Verlust der Gegenwart kann eine lebendige Erinnerung an eine frühere Emotion auslösen.

2. Entwicklungsprinzipien
a) Jedes Lebensstadium hat eine andere Aufgabe. Menschen müssen sich jeder Lebensaufgabe stellen und sie zur rechten Zeit erfüllen. Ignorierte und ungelöste Aufgaben möchten ihren Platz haben; sie melden sich später wieder, wenn die Mechanismen der Verdrängung schwächer werden und möchten bis zum Tode bearbeitet werden.
b) Menschen, die bis ins hohe Alter unbewältigte Aufgaben mitschleppen, stehen vor der Entscheidung: die Aufgaben zu verarbeiten, um in Frieden zu sterben, oder zu vegetieren.
c) Aufgrund der körperlichen Verluste (Schwinden des Seh- und Hörvermögens und des Kurzzeitgedächtnisses) blendet der alte Mensch die Gegenwart aus und stellt die Vergangenheit wieder her.

3. Psychologische Prinzipien
a) Ungeachtete Gefühle gären im Dunkeln weiter.
b) Offengelegte Gefühle werden schwächer.
c) Wirkliches, einfühlsames Zuhören *(Validieren)* erleichtert die emotionale Last. Ein bestätigtes, geteiltes und validiertes Gefühl kann entschwinden.
d) Ignorieren von Gefühlen sehr alter Menschen ändert ihr Verhalten nicht. Wenn ihnen niemand zuhört, verschlechtert sich ihr Zustand oder sie ziehen sich ganz zurück und vegetieren.

Auch für das praktische Vorgehen in der Validation ist es unerlässlich, Informationen über die Lebensgeschichte zu erheben. Dies geschieht sowohl über die Angehörigen (Fremdanamnese) als auch über Befragung des Pflegepersonals sowie des alten Menschen selbst mittels spezieller Fragetechniken, die noch kurz vorgestellt werden.

Danach wird das Stadium der Desorientiertheit festgestellt, ein Plan für die validierende Pflege erstellt, die Erfolgskontrolle wird dokumentiert und der Fortschritt ausgewertet.

Die PatientIn wird nicht mit Wahrheiten und schmerzhaften Realitäten konfrontiert (die subjektive Wirklichkeit ist entscheidend), nicht bevormundet oder in ihren Aussagen korrigiert; es wird nichts beschwichtigt, lächerlich gemacht oder vorgespielt. Fragen nach dem WARUM sind absolut kontraindiziert, da sie die PatientIn in ihrer Verwirrung und der Problematik nur verstören.

Fragen, die mit WIE?, WER?, WANN?, WAS?, WO? beginnen, unterstützen die ValidationsanwenderIn, die zugrunde liegenden Gefühle zu klären.

Die speziellen Validationstechniken unterstützen den Prozess:

- **Zentrieren:** Dies ermöglicht den Betreuern, durch die Konzentration auf die eigene Atmung, Ärger und Frustration über diesen auszustoßen, um sich mit voller Hingabe dem verwirrten Menschen zu nähern.
- **Eindeutige, nicht wertende Wörter:** Menschen, die gerade ihr Leben aufarbeiten, wollen ihre Gefühle nicht verstehen. Um einen Rückzug der Person zu vermeiden und Vertrauen herzustellen, sollen daher Tatsachenfragen (wer?, was?, wo?, wie?, wann?) gestellt werden. Die Frage „warum" sollte daher unbedingt vermieden werden.

- **Wiederholen:** Durch das Wiederholen des Gesagten gibt der Betreuer zu verstehen, dass er den Sinn dessen, was der verwirrte Mensch gesagt hat, verstanden hat.
- **Extreme einsetzen:** Indem die Person dazu aufgefordert wird, an die schlimmste Möglichkeit zu denken, werden die Gefühle intensiver und Erleichterung kann sich eher einstellen.
- **Sich das Gegenteil vorstellen:** Sich das Gegenteil vorzustellen führt dazu, dass man sich an eine bereits bekannte Lösung des jeweiligen Problems erinnert. Dadurch kann die Kompetenz des Alterns genutzt werden.
- **Erinnern:** Durch diese Technik kann eine bekannte Methode zur Lösung eines Problems wieder erinnert werden, um damit aktuelle Schwierigkeiten leichter lösen zu können.
- **Augenkontakt:** Verwirrte Menschen in den letzten Stadien fühlen sich geliebt und sicher, wenn ihnen durch Augenkontakt Anteilnahme vermittelt wird.
- **Unbestimmte Fürwörter, die mehrere Lösungen zulassen:** Wenn Zeitverwirrte Wörter verwenden, die für andere keinen Sinn mehr ergeben, ist es hilfreich, unbestimmte Fürwörter zu verwenden, um einen Abbruch der Kommunikation zu verhindern.
- **Sprachmelodie:** Um den Rückzug von verwirrten Personen zu verhindern, eignet sich eine klare, sanfte und liebevolle Stimme.
- **Spiegeln:** Personen in den letzten beiden Stadien der Verwirrung zeigen ihre Gefühle oft sehr direkt und ohne jede Hemmung. Um Vertrauen zu schaffen und in die Welt des Verwirrten eintreten zu können, hilft die Methode, die Körpersprache der älteren Person zu spiegeln.
- **Menschliche Grundbedürfnisse:** Alle Verhaltensweisen der verwirrten Personen wie schlagen, auf und ab gehen, klopfen etc. steht in Verbindung zu deren Bedürfnissen nach Liebe, der Möglichkeit, Gefühle auszudrücken und nützlich zu sein.
- **Bevorzugtes Sinnesorgan:** Wenn man das bevorzugte Sinnesorgan eines Menschen kennt, kann man leichter Vertrauen aufbauen, weil es hilft, die Sprache dieser Person zu sprechen und dadurch ihre Welt zu betreten.
- **Berührungen:** Da ältere Menschen häufig schlechter sehen und hören, ist es in manchen Fällen sehr hilfreich, ihnen über Berührungen Reize der Außenwelt zukommen zu lassen. Viele fühlen sich dadurch geborgen und können leichter Vertrauen aufbauen.

- **Musik:** Wenn Wörter verschwinden, kehren gut bekannte, früh gelernte Melodien wieder zurück. Dadurch kann wieder eine Kommunikation zu Verwirrten aufgenommen werden.

Durch angewandte Validation können unbewusste Konflikte so bearbeitet werden, dass diese erträglicher werden.

# XIII. Supervision

> Zusammenfassung
>
> Qualifikationen des Supervisors
> Fragen und Probleme im Heimalltag
> Unterstützung für die PraktikantInnen
> Theoretische Lernkonzepte

**Supervision der PraktikantInnen**

Supervision als berufsbezogene beziehungsweise ausbildungsbezogene Beratung wird auch von anderen Berufsgruppen, die nicht nur beratend und betreuend tätig sind, in Anspruch genommen. Sie versteht sich als Lern- und Lehrprozess zwischen BeraterInnen, BetreuerInnen, in unserem Fall PraktikantInnen, und einem fachlich ausgebildeten Supervisor (supervidere = „von oben anschauen"), der aus seiner unabhängigen Sicht hilft, das Erleben der PraktikantIn, der HeimbewohnerInnen und deren Interaktionen zu reflektieren. In einer zeitlich begrenzten, geschützten Atmosphäre sind Probleme, Ängste und Krisen der PraktikantInnen anzusprechen. Supervision kann im Einzel- oder Gruppensetting stattfinden und dient der Erweiterung der beruflichen Kompetenzen, der Reflexion des eigenen Handelns im Berufsfeld und den damit verbundenen Arbeitszusammenhängen.

Voraussetzung hierfür ist, dass der Supervisor Zusatzqualifikationen im Bereich der Gerontopsychotherapie hat, sowie Erfahrungen im Umgang mit Teambildung und Gruppendynamik.

Praxisbezogene Themen, also Fragen und Probleme zum Umgang mit den HeimbewohnerInnen, werden in der wöchentlichen Supervision begleitet und reflektiert. Die PraktikantIn erhält durch die SupervisorIn Unterstützung in ihrem Aufgabenbereich.

Das Erleben von Grenzen in der Arbeit mit alten Menschen lässt Themen wie Ohnmacht, Passivität, Kontrollverlust, Motivationsverlust und Aggression deutlich werden und schärft den Blick für die Auseinandersetzung mit eigenen und fremden Grenzen.

Der Aspekt „bis hierher geht es" statt „es geht nicht mehr" betont hier, dass man ein Stück erreicht hat. Dass man nicht mehr weiter kann, ist oft schwierig zu akzeptieren, gleichermaßen für PraktikantIn und HeimbewohnerIn.

Die Auseinandersetzung und Reflexion mit den Themen Alter, Krankheit und Tod stehen hier im Vordergrund.

In der Differenzierung zu allgemeinen Themen rund um das Altern in einer Institution ergeben sich spezielle Fragen zu den HeimbewohnerInnen:

- Umgang mit Demenz in der Betreuung, validierende Maßnahmen
- Umgang mit psychischen Erkrankungen im Alter (Ängste, Halluzinationen, Depression, Suizidgedanken et cetera)
- Umgang mit Sexualität
- Umgang mit körperlichen und seelischen Unzulänglichkeiten
- Umgang mit den Themen Tod und Sterben, Palliativbetreuung
- die Abhängigkeit von Pflegepersonen
- das Zusammenleben mit anderen HeimbewohnerInnen in einem Heim

**Fragen der PraktikantIn, die den Lernprozess und die Identität als zukünftige TherapeutIn betreffen:**

- die verschiedenen Rollen in der Betreuung – von BetreuerIn und Betreuten; Reflexion der Erwartungen an sich selbst und andere und deren Auswirkungen
- Erwartungshaltungen im Betreuungsprozess – Erwartungen an sich selbst und die HeimbewohnerIn. Welche Ziele gibt es und wie flexibel ist damit umzugehen?

- Möglichkeiten eines positiven Beziehungsaufbaus
- Kommunikationsthemen: Kommt meine Botschaft an (mein Gegenüber kann oder will mich nicht verstehen), welche Auswirkungen hat das auf meine Betreuung, wie gehe ich damit um?
- Wie transportiere ich negatives Feedback, wie gehe ich mit Unhöflichkeit, Ablehnung und Aggression der HeimbewohnerIn um?
- das Selbstverständnis in der Rolle als BetreuerIn und als KollegIn
- der Umgang innerhalb des PraktikantInnenteams, die Gruppendynamik – wie werden Probleme in der Gruppe thematisiert, was erlebe ich als Entlastung?
- Wie wirken sich die vorgegebenen Rahmenbedingungen auf mich und die HeimbewohnerInnen aus, welche Struktur benötigt das Setting?
- Ressourcenerhebung im Laufe eines Praktikumstages?

Die Grundhaltungen und Einstellungen zur Betreuungstätigkeit an sich sowie eigene, unbewusste Gefühlsregungen sind wichtige Punkte, die den Betreuungsprozess erschweren und behindern können und daher angesprochen werden müssen. Theoretische Lernkonzepte, die in der Arbeit angewandt und erprobt werden, können in der Supervision auf ihre Umsetzbarkeit überprüft werden.

# XIV. Die PraktikantIn als seelischer Mentor

> Zusammenfassung
>
> PraktikantIn als „Sprachrohr"
> PraktikantIn als „Container" für Gefühlswelt des alten Menschen
> PraktikantIn als Verbindung zur Außenwelt
> Bewusste Auseinandersetzung mit dem Thema Altern
> Krisenintervention
> Zusammenarbeit mit dem interdisziplinären Team
> Trennungen und Abschiede

Durch die kontinuierliche Betreuungssituation entstehen oft tiefe Beziehungen und Bindungen zwischen HeimbewohnerIn und PraktikantIn.

Viele Bedürfnisse der HeimbewohnerIn werden durch die PraktikantIn wahrgenommen und können im geschützten Raum der Betreuung erstmals verbalisiert werden.

Die PraktikantIn ist „Sprachrohr" für die SeniorInnen, ihre dringenden Anliegen an die richtigen Adressaten zu bringen (zum Beispiel das Vermissen der Sehbrille, Unstimmigkeiten mit der MitbewohnerIn). Die Dringlichkeit, diese Wünsche erledigt zu wissen, entsteht aus dem Tagesablauf, der die BewohnerIn beeinträchtigt. Die positive Erledigung verschafft auf beiden Seiten Befriedigung und stellt angesichts der allgemeinen Hilflosigkeit zum Thema Altern ein rasches, wenn auch nur vorübergehendes Erfolgserlebnis dar.

Die kontinuierliche Betreuung vermittelt der HeimbewohnerIn Sicherheit, dass es eine AnsprechpartnerIn für sie gibt, die sich um ihre emotionale Befindlichkeit kümmert.

Das empathische Begleiten und die Zeitqualität sind grundlegende und wertvolle Ressourcen im Heimalltag geworden.

Die Hilfe zur Selbsthilfe wird immer dort eingesetzt, wo die HeimbewohnerIn zum autonomen Handeln motiviert und aktiviert werden kann.

Tiefe Einblicke in die verschiedenen Lebensgeschichten, ausgelöst durch die begleitende, biografische Arbeit, fordern die PraktikantIn auf, „Container" zu sein für die Bandbreite an Gefühlen, die entstehen. HeimbewohnerIn und PraktikantIn teilen Gefühle der Angst, Wut, Trauer, Verzweiflung, Resignation und Hilflosigkeit, aber auch Humor, Faszination, Aussöhnung, Vergebung, Einsicht und Zufriedenheit mit dem, was ist.

Die PraktikantIn ist für die BewohnerIn auch Verbindung zur Außenwelt und kann dadurch Interessen wecken und neue Sinnesreize bieten.

Für die PraktikantIn bedeutet dies auch ein „Sich-Einstimmen" auf die „langsame" Welt in einem Altersheim, wo die Tür zur Außenwelt, für viele möglicherweise für immer, geschlossen bleiben wird.

Die Betreuungseinheit vom Zimmer in den Garten oder die nahe Umgebung zu verlegen, kann eine wichtige psychosoziale Intervention sein.

Kaffeehausbesuche und der Besuch von Theaterveranstaltungen sind dann sinnvoll, wenn in der Ressourcenerhebung diesbezügliches Interesse festgestellt wurde.

In der Betreuung ist die PraktikantIn mit Stimmungsschwankungen, Unwohlsein, Unzufriedenheit auf vielen persönlichen Ebenen konfrontiert, aber auch mit Erfolgserlebnissen, die sich durch das Interesse und die Zunahme an Alltagsaktivitäten oder durch körperliche Fortschritte und psychische Stabilität zeigen.

Die Bedeutung von „Geben und Nehmen", das „ wertschätzende, präsente Dasein" gewinnt gegenüber einem anfänglichen Leistungsdruck „ich will etwas erreichen" an Stellenwert.

Die PraktikantIn muss bereit sein, sich auch anderen Herausforderungen zu stellen, und das betrifft die Auseinandersetzung mit dem Sterben und dem Tod. Hier ist die emotionale und professionelle Unterstützung durch die Leitung erforderlich und der Austausch mit den KollegInnen unterstützend.

## XIV.1 Abschiednehmen und Trennung

Die Betreuung muss auch immer wieder im Hinblick auf den bevorstehenden Abschied der PraktikantIn gesehen werden, der Struktur, Planung und Führung verlangt. Er löst auf beiden Seiten oft schmerzhafte Gefühle aus, die nach einer möglichst positiven Bearbeitung verlangen.

Die persönlichen Kontakte innerhalb der Praktikumsstruktur sind zeitlich von außen begrenzt, das heißt, die Betreuungsbeziehung schließt in jedem Fall mit einem Abschied ab. Diese Tatsache verlangt klare Vorgaben und Transparenz, erschwert daneben mitunter auch die Beginnphase und Vertrauensbildung – „wieso soll ich mich nähern, auf den angebotenen Kontakt einlassen, wenn sie mich doch wieder verlassen".

Trennungen und Abschiede begleiten uns das ganze Leben, sind unvermeidlich. Das Erleben und der Umgang damit sind jedoch so individuell, wie es eben den verschiedenen Verarbeitungsmodi von Persönlichkeitsstrukturen entspricht.

Das Leben in einem sozialen Gefüge erfordert die Auseinandersetzung und den Dialog mit einem Du. Die Grenzen der Individualität zu entwickeln und zu leben beinhaltet Kontakte, die uns Sinn und Sinnhaftigkeit am Dasein erleben lassen. Wir brauchen im Lebenslauf den Anderen, um uns selbst wahrzunehmen, und sind bis zu einem gewissen Grad davon abhängig.

So verlieren wir bei Verlust von Kontakten auch immer einen Teil von uns. Je näher und tiefer wir Menschen an unserem seelischen Erleben teilhaben lassen, desto schmerzhafter können wir mitunter die oft unvermeidbaren Trennungen erleben.

Die Veränderungen im Lebenslauf und die persönliche Entwicklung fordern aber immer wieder zur Neuorientierung und Kursänderung auf, wobei Trennungen und Verluste eine logische Konsequenz sind.

Das Altern ist ein Veränderungsprozess, in dem Wesentliches von Unwesentlichem differenziert wird. Der sich einengende Lebensraum hat somit auch den Sinn, sich von Ballast zu trennen, Raum für Besinnung und Spiritualität zu schaffen, damit man sich auf die Endlichkeit des Lebens und den damit verbundenen Abschied des Lebens vorbereiten kann.

Solange sich diese Trennungen auf die materiellen, ideellen, möglicherweise auch körperlichen Bereiche beziehen, mögen jene noch erträglich erscheinen. Geht es aber um persönliche, emotional besetzte Verluste, sind wir den Gefühlen von Hilflosigkeit, Ausweglosigkeit, des „Nicht-verstehen-Könnens", des Alleinseins ausgeliefert. Die Religion kann in diesem Lebensabschnitt für manche Menschen eine wichtige Quelle sein.

Die Erfahrung hat gezeigt, dass sich die HeimbewohnerIn bewusst ist, dass Kontakte folgen werden. Der Wechsel wird von vielen SeniorInnen als Herausforderung gesehen, ist für einige auch mit Neugierde und Bereicherung verbunden. Im positiven Fall wird diese Trennung im Kontext von Anregung und Neubeginn gesehen.

Durch unsere Praktikumsstruktur ist die HeimbewohnerIn also aufgefordert, flexibel zu werden oder zu bleiben. Man könnte sogar so weit gehen, dies als Lernprozess für den Umgang mit Trennungen zu sehen.

Die PraktikantIn wird durch die Leitung stets unterstützt und angeregt diesen Trennungsprozess anzusprechen und Kreativität im Umgang damit zu entwickeln.

Die bewusste Auseinandersetzung mit dem Thema Altern in all seinen möglichen Formen erfordert von den PraktikantInnen viel Mut und Energie, die sie jedoch stets neben fachlichem Wissen auch in ihrer Person reifen lässt.

# XV. Die Praktikumsstelle – ein Ort des Lernens und der persönlichen Reifung

Zusammenfassung

Allgemeine Erfahrungen aufgrund des Praktikumsmodells
Lernerfahrungen im Betreuungsprozess
Persönliche Erfahrungen

Aufgrund der zahlreichen Abschlussberichte und Feedbacks, die in all den Jahren durch die PraktikantInnen verfasst wurden, konnten sich Struktur und Arbeitsweise unserer Praktikumsstelle kontinuierlich erweitern und differenzieren.

Da sowohl die Betreuungen selbst, als auch die Strukturen im Praktikum und im Alten- und Pflegeheim laufenden Prozessen unterworfen sind, legen wir Wert auf einen regen Austausch. Der Betreuungsalltag mit all seinen Belastungen erfordert konstruktive Kritik, Veränderungen sind anzudenken und zu entwickeln.

Die Rückmeldungen der PraktikantInnen stellen wichtige Parameter für die Leitung dar. Welche Bedürfnisse werden an die PraktikantInnen herangetragen, welchen Anforderungen und Themen begegnen sie im praktischen Tun, wie erleben sie ihren Stellenwert im Heim und welche Unterstützung benötigen sie, um Theorie und Praxis sinnvoll miteinander verknüpfen zu können?

Die Ergebnisse aus diesen Berichten lassen sich wie folgt zusammenfassen.

## XV.1 Allgemeine Erfahrungen aufgrund des Praktikumsmodells

- Die Freiheit der Entscheidung und das selbstständige Arbeiten mit den ihnen zugeteilten HeimbewohnerInnen fördern ihre Kreativität hinsichtlich der Interventionen.
- Dadurch ist die PraktikantIn aufgefordert, „aktiv und eigeninitiativ" zu sein.
- Die Zuteilung von Betreuungspersonen vom ersten Tag an wird als positiv erlebt, fördert das selbstständige Arbeiten und die Entwicklung, das eigene Handeln hinsichtlich zukünftiger therapeutischer Arbeit zu überprüfen.
- Die wöchentlichen Teamsitzungen, in denen sie konstruktive Anleitung und Austausch erfahren, sind wichtige Stützpunkte im Praktikumsalltag.
- Der organisatorische Rahmen – Dokumentationen, Konzepterfassung, Teamsitzungen, Fortbildung und Supervision – gewährleistet Kontinuität, Zuverlässigkeit und Stabilität. Innerhalb dieses Rahmens ist es möglich, individuell zu arbeiten und vieles auszuprobieren.
- Die theoretischen Unterlagen, die zu Beginn des Praktikums ausgeteilt werden, erleben PraktikantInnen als hilfreich, informativ und stützend.
- Die von der Leitung geförderte Intervision und der Austausch innerhalb der Gruppe sind wichtige Quellen des „Auftankens" und „Abladens" emotional belastender Themen. In diesem Zusammenhang können sie über ihre Nöte und Ängste sprechen und erhalten Tipps von ihren KollegInnen, die eine wichtige Ressource darstellen.
- Die Zusammenarbeit der PraktikantInnen untereinander ist von Wertschätzung geprägt, frei von Konkurrenz und durch die unterschiedlichen Ausbildungen bereichernd und anregend.
- Da die LeiterInnen täglich anwesend sind, können sich die PraktikantInnen jederzeit Hilfe und Rat holen.
- Die verpflichtende Aufgabe, Dokumentationen und Berichte über den Betreuungsprozess zu verfassen, erleben viele anfangs als belastend und umfangreich, der positive Effekt überwiegt aber. Sie sind aufgefordert, sich mit ihrer Tätigkeit auseinanderzusetzen und ihren Betreuungspro-

zess hinsichtlich der Diagnose und der Betreuungsziele der HeimbewohnerIn zu reflektieren. Sie können ihre Gefühle und Wahrnehmungen ordnen und werden für grundlegende beratende/psychotherapeutische Vorgangsweisen, wie Übertragungs-/Gegenübertragungskonstellationen, sensibilisiert.

- Durch die Reflexion im Team, bei der Supervision und beim Verfassen der Berichte, können Interventionen erkannt und differenziert werden und Prozessverläufe hinsichtlich der Betreuungsqualität und deren Entwicklung transparent gemacht werden.
- Die PraktikantInnen erleben einen guten Transfer von Theorie und Praxis.
- Kenntnisse von medizinischen Termini und Grundkenntnisse über Psychopharmakologie sowie deren Einsatz und Wirkungsbereich im geriatrischen Bereich erleben die PraktikantInnen als hilfreich.
- Die Fortbildung bietet viele neue Informationen und ist die Grundlage für psychosoziales Handeln. Das Gelernte kann direkt in die Arbeit mit den HeimbewohnerInnen einfließen und angewandt werden.
- Die PraktikantInnen werden mit verschiedenen psychischen Krankheitsbildern konfrontiert, sowohl in der Fortbildung als auch im Alltag, und lernen Störungen zu diagnostizieren.
- Viele von ihnen erleben zum ersten Mal die Zusammenarbeit in einem multiprofessionellen Team.

## XV.2 Erfahrungen im Betreuungsprozess

- der Aufbau von vertrauensvollen Beziehungen und das Heranreifen zu einer „professionellen" Beziehung
- die Erweiterung des psychosozialen Handelns, wo sie erleben, dass die PraktikantInnen auch in unterschiedlicher Verfassung sein dürfen oder das Gespräch in eine bestimmte Richtung gelenkt werden kann
- ein zielgerichteter, sensibler Umgang mit den Problemen der HeimbewohnerInnen unter Beachtung der Interessen aller Beteiligten und das Einleiten eines lösungsorientierten Prozesses
- der praktische Umgang mit Gesprächstechniken und Techniken des Gedächtnistrainings

- das Wahrnehmen der eigenen Grenzen im Betreuungssetting
- die Bedeutung der Einhaltung eines Betreuungssettings
- die Gestaltung eines Betreuungssettings
- die Bedeutung und Anwendung von psychosozialen Methoden
- das Erlernen und Verbessern einer qualitativen Gesprächsführung
- das Ablegen von Scheu im Umgang mit alten Menschen
- der Umgang mit dem Altwerden an sich und dem Verfall des Körpers; aber auch mit den Themen Demenz, Sucht, psychotisch-wahnhafte Symptome und Aggression bis hin zu schamhaft besetzten Themen wie Inkontinenz oder Sexualität im Alter
- der Umgang mit Sterben und Tod, das bewusste Begleiten von Sterbenden
- der Umgang mit eigener Hilflosigkeit und das Ertragen derselben
- der Umgang mit der Rolle als heranreifende TherapeutIn im Betreuungsprozess und im System eines Alten- und Pflegeheimes
- der Umgang mit einer neuen Zeitqualität, das „sich Verlangsamen" im Betreuungsprozess
- das Anpassen von Sprach- und Sprechgewohnheiten, verbale und phonetische Empathie, indem langsame und/oder laute Kommunikation notwendig wird
- die Bedeutung der Präsenz in der Beziehung, das „Da-Sein"
- das Erfassen einer empathischen Grundhaltung – Beziehungsgestaltung, Verstehen und Einfühlen, entspannte Haltung ohne Leistungsdruck
- die wertschätzende Anwesenheit und die vertrauensvolle Beziehungsgestaltung wirken entspannend, entlastend, entängstigend und schaffen Raum für Themen, die HeimbewohnerInnen bewegen
- vertrauensfördernde Interventionen sind vor allem die Zuverlässigkeit, die Sicherheit gibt und das Selbstvertrauen der HeimbewohnerInnen stärkt
- die nonverbale Kommunikation und deren Bedeutung als gerontopsychosoziale Intervention – Blick- und Handkontakt, das „Miteinander-Schweigen" et cetera
- die Bedeutung von Ritualen, Kontinuität und Verlässlichkeit
- das Abgrenzen, ohne die Empathie zu verlieren
- der Umgang mit unrealistischen Forderungen von HeimbewohnerInnen

- der Umgang mit Verführung – die „Allerliebste" zu sein – und Idealisierung
- das Beenden eines Betreuungsprozesses, der Umgang mit Abschied und Trennung
- die Kommunikation mit anderen Berufsgruppen

## XV.3 Persönliche Erfahrungen

- die Auseinandersetzung mit dem eigenen Alter, das Bewusstwerden der eigenen Endlichkeit und Vergänglichkeit
- die Reflexion des eigenen Lebens, der eigenen Biografie, der Umgang mit den eigenen Großeltern und alten Menschen auf der Straße
- der Abbau von Scheu vor der Arbeit mit alten Menschen
- die Veränderung der eigenen Sichtweise zum Thema Altern – alt ist nicht gleich alt – das Kennenlernen von verschiedenen Möglichkeiten zu altern
- die Erweiterung von Grenzen durch Überwindung von eigenen Ängsten
- das Erlernen von Geduld und Akzeptanz
- der Umgang mit sich selbst und den eigenen Ressourcen, im Hinblick auf die zukünftige Rolle als TherapeutIn, aber auch in Bezug zum eigenen Altern
- Neuorientierung im Hier und Jetzt, den Fokus auf das „Da-Sein" legen, die Wichtigkeit der gemeinsam verbrachten Zeit erkennen
- das Bewusstwerden der Vergänglichkeit

# XVI. Bedürfnisse und Wünsche der HeimbewohnerInnen

> Zusammenfassung
>
> Betreuungsbedarf
> Betreuungskonzepte
> Beratung als Orientierungshilfe
> Themen der Betreuung
> Der Heimalltag

Erfahrungen und Entwicklungen der letzten Jahre zeigen ein klar definiertes Bedürfnis nach Begleitung und Betreuung von Seiten der HeimbewohnerIn.

Der Wunsch nach einer Begleitung, die dem alten Menschen hilft, sich von beruflicher Aktivität und dem „Jung-Bleiben" zurückzuziehen. Irene Claremont de Castillejo (1979) schreibt:

> „Die Menschen in der zweiten Lebenshälfte brauchen die Hinwendung nach innen. Sie brauchen das; denn sie können zufrieden sterben, wenn ihr Garten in gutem Zustand ist und wenn sie die Aufgabe erfüllt haben, der Mensch zu werden, der sie werden sollten."

In unserer Gesellschaft sind alte Menschen nicht vertraut mit den Gedanken, dass Altern einen Wert hat und auch Weisheit bedeuten kann. Kinder werden gelehrt, einen Gegenstand, der abgenützt oder kaputt ist, wegzuwerfen und durch andere zu ersetzen. Unsere Umgebung ist voll von den Abfällen einer solchen Philosophie.

Die Jugend gilt gewohnterweise als lebendig, das Alter wird als das Wartezimmer zum Tod angesehen, daher ist es nicht schwer zu verstehen, dass alte Menschen Probleme mit der Rastlosigkeit und den mangelnden Werten, die sie in ihrer Umgebung spüren, haben. Dies wird noch verstärkt durch eine Kultur, die den Tod als Ende, statt als Wandlung betrachtet.

Die Betreuungskonzepte unserer Praktikumsstellen beinhalten die Erhaltung und Entfaltung von kreativen Ressourcen.

Psychosoziale Betreuung muss einen Rahmen schaffen, wo sich der Lebenskreis abrunden und schließen kann. Die Beratung ist gleichermaßen Orientierungshilfe, Krisenintervention und Prävention. Hier werden viele Themen angesprochen, die für diesen Lebensabschnitt prägnant sind.

Solche Lebensthemen unterliegen großen Veränderungen und betreffen den Machtverlust durch das Ende des Berufslebens und der damit verbundenen Stellung in der Gesellschaft, der sozialen Kontakte und Möglichkeiten, Beziehungen zu Freunden, Partnern, Kindern und Angehörigen. Es ist wichtig, sich mit seinen Fähigkeiten und der Lebenskraft auseinanderzusetzen und sich klar darüber zu werden, welche Dinge man noch erledigen möchte. Aber auch das Altern an sich, die Auseinandersetzung mit dem Sterben und dem Tod sowie die Überlegungen, in ein Altenheim zu gehen, sind Themen, die diesen Lebensabschnitt kennzeichnen.

**Das Leben im Altenheim differenziert die Bedürfnisse der HeimbewohnerIn in folgende inhaltliche Schwerpunkte:**

- der Heimalltag
- die sozialen Beziehungen
- die Gesundheit, das Befinden
- die Lebenssituation beziehungsweise das Sterben und der Tod
- die Auseinandersetzung mit der eigenen Lebensgeschichte
- die Beschäftigung mit allgemeinen Themen

Die Auflistung dieser Themen ist hierbei durchaus auch in einer schwerpunktartigen Reihung zu sehen, aus der sich auch die Aufgaben für die psychosoziale Betreuung (siehe Kapitel „Gründe für psychosoziale Betreuung in Altenheimen") ergeben.

Die HeimbewohnerIn erlebt in diesem Betreuungsprozess oft zum ersten Mal die Möglichkeit einer tragenden, wertfreien Beziehung, in der ihr Leben, ihre Biografie und ihre Bedürfnisse wichtig sind. Allein diese Tatsache kann schon sehr viele positive psychische Veränderungen mit sich bringen. Sind aufgrund ihrer Erkrankungen ernsthafte behandlungsbedürftige Probleme entstanden, werden diese rechtzeitig oder zumindest früher erkannt, teilweise vom älteren Menschen selbst wahrgenommen, können jene bei Bedarf an qualifizierte TherapeutInnen überwiesen werden.

Die interdisziplinäre Zusammenarbeit, sowohl innerhalb der Praktikumsstelle als auch in der gesamten Institution, sind wichtige Faktoren für den Aufbau und die Realisierung psychosozialer wie auch in der Folge psychotherapeutischer Tätigkeit.

# XVII. Psychosoziale Unterstützung der (pflegenden) Angehörigen

> Zusammenfassung
>
> Familie als Rückgrat der Altenhilfe
> Psychische Belastungen der Angehörigen
> Unterstützung für pflegende Angehörige
> Vernetzung
> Eintritt ins Altenheim
> Angehörigenberatung durch die Praktikumsstelle
> Angehörigengruppe

Jeder einzelne Pflegefall muss ganzheitlich, also aus biografischen, sozialen und psychologischen Gesichtspunkten gesehen werden. Daraus erschließt sich, dass es den typischen Pflegefall mit einer strukturierten Abfolge nicht gibt, da Vielfältigkeit und Individualität eines Menschen die Pflegesituation bestimmen.

> „Töchter beziehungsweise Schwiegertöchter sind für den Großteil der pflegebedürftigen älteren Menschen die zentrale Betreuungsperson."
>
> (Kytir, 1992, S. 88)

Motive, die Betreuung zu übernehmen, ergeben sich aus dem verwandtschaftlichen Verhältnis, als anstehende Aufgabe in der Familie, aus dem Gefühl der Verantwortlichkeit und nur aus einem sehr geringen Anteil aus finanziellen Gründen.

Die Betreuungstätigkeit erfolgt ohne Vorbereitung, die Kenntnisse werden hauptsächlich aus der laufenden Arbeit gesammelt und nur zu einem kleinen Teil aus Erfahrung mit früheren Fällen.

Es ist selten vorhersehbar, wie lange Pflege dauern wird – diese kann sich über wenige Wochen oder aber viele Jahre ausdehnen.

Die Familie ist nach wie vor das Rückgrat der Altenhilfe. Die Pflege und Betreuung von alten Menschen wird in Österreich gegenwärtig in erster Linie im privaten Rahmen erbracht. Dessen Übernahme erfolgt spontan, wenn der Gesundheitszustand des alten Menschen sich plötzlich verschlechtert, oder aber allmählich und schleichend, indem der Angehörige immer mehr Aufgaben übernimmt (vgl. Seubert 1993, S. 33; Badelt, 1997, S. 146). Die Mehrheit der Betreuungspersonen klagt über starke Belastungen, wobei sich diese körperlich und psychisch manifestieren und die Angehörigen an die Grenzen ihrer Leistungsfähigkeit bringen. Kräfteverschleiß, Schuldgefühle, Zeitnot, Psychosomatik, Stress und Nervenkrisen (vgl. Christen, 1989, S. 60 ff.) werden als häufigste Manifestationen genannt. Die psychischen Belastungen entstehen durch das ständige Angebundensein, die jahrelang gestörte Nachtruhe, den Verzicht auf Freizeit, die Doppelbelastung durch die eigene Familie und den Beruf, die geringe Anerkennung der Tätigkeit, die Reaktivierung frühkindlicher Beziehungsmuster und durch den sozialen Rückzug.

Oft manifestiert sich diese Überbelastung auch in psychosomatischen Symptomen. Bruder/Schulze-Jena (1986) haben festgestellt, dass pflegende Angehörige häufig psychosomatische Störungen aufweisen, mehr Medikamente (Psychopharmaka) benötigen und häufiger an Schlafstörungen leiden als gleichaltrige Vergleichspersonen (in: Scholta, 1990, S. 442). Die psychische und physische Verfassung der BetreuerIn sowie die Auswirkungen der Belastung sind nicht nur vom Grad der Pflegebedürftigkeit abhängig. Ausschlaggebend für den Verlauf eines Pflegeprozesses, sind vor allem die sozialbiografischen, situationsspezifischen und psychischen Bedeutungszusammenhänge.

Die Ursachen für die Hauptbelastung und Überlastung liegen nicht in der Pflegetätigkeit an sich, sondern im emotionalen Bereich. Die kontinuierliche Anwesenheit und die Bereitschaft zu helfen führen zu sozialer Isolation. Durch die Länge der Pflegetätigkeit entsteht eine Diskrepanz zwischen dem grundsätzlichen Wunsch zu helfen und dem Bedürfnis nach der eigenen Lebensplanung. Die Persönlichkeitsveränderungen der zu betreuenden Person und die daraus resultierende Rollenumkehr führen zu Schuldgefühlen, Aggressionen und fördern die Entwicklung einer Belastungsspirale. Der hohe Leistungsanspruch, die Selbstüberforderung und die mangelnde Akzeptanz der Gesellschaft machen unbearbeitete Familienkonflikte transparent.

### XVII.1 Unterstützung für pflegende Angehörige

- Entlastungsangebote und Erfahrungsaustausch ermöglichen
- die Wahrnehmung der eigenen Grenzen und Fähigkeiten fördern
- um der Überforderung der Pflegeperson vorzubeugen, ist es wichtig, die Fähigkeiten des Erkrankten zu erhalten, mit dem Ziel, Abhängigkeiten zu verringern.
- das Kommunikationsverhalten im System Familie verbessern und Entlastung der Hauptbetreuungsperson durch praktizierte Pflegeaufteilung in der Familie bewirken
- Verständnis wecken für krankheitsbedingte Persönlichkeitsveränderungen und deren Auswirkungen auf die gesamte Familie (zum Beispiel bei Rollenumkehr)
- die Auseinandersetzung mit Gefühlen wie Mitleid, Schuld, Angst, Trauer, Aggression
- Entwicklung von neuen Perspektiven und Lösungsmöglichkeiten

Wichtige Ansatzpunkte, einem Burnout vorzubeugen, wären eine engmaschige und informative Vernetzung zwischen den unterschiedlichen Berufsgruppen.

Die Entwicklung der modernen Familie, vor allem in der Stadt, die Rolle der Frau in Beruf, Partnerschaft und Gesellschaft und die beschleunigten Individualisierungs- und Singularisierungsprozesse lassen sich mit einer Pflegetätigkeit oft nicht vereinbaren.

In der Landbevölkerung wird die Pflege alter Menschen als eine selbstverständlich zu erbringende Aufgabe angesehen und wird hauptsächlich von Frauen, Töchtern und Schwiegertöchtern ausgeführt.

## XVII.2 Der Eintritt ins Alten- und Pflegeheim

Der Heimeintritt ist für Betroffene und Angehörige eine große Herausforderung, verbunden mit einer inneren Umstellung, und erfordert ein hohes Maß an Anpassung.

Nur ein verhältnismäßig geringer Teil der hilfsbedürftigen alten Menschen lebt in Alten- und Pflegeheimen. Der Entschluss der Angehörigen, die Pflege abzugeben, erfolgt nach einem langen Prozess von widerstreitenden Kräften.

Unterstützende Begleitung bewährt sich auch bei der Beratung von Angehörigen, da auch sie einer neuen Situation gegenüberstehen und wichtige Partner bei der Betreuung älterer Menschen darstellen.

Die Angehörigen reagieren mit Unsicherheit und Ängstlichkeit, da sie nun die Kontrolle über die Pflege gänzlich abgeben sollen. Dadurch entstehen Gefühle der Hilflosigkeit und des Versagens, weil sie für den anderen nicht mehr sorgen können. Dieser Prozess ist oft von quälenden Schuldgefühlen begleitet.

Sie sind wichtige InformantInnen bezüglich der Bedürfnisse und Ressourcen der Pflegebedürftigen, es fällt ihnen jedoch mitunter schwer, die Kontrolle darüber nun an die Institution abzugeben und das Vertrauen zu entwickeln, dass diese genau so unterstützend betreut werden. Sie haben jahrelang den älteren Menschen versorgt und ihn gepflegt, sich sicherlich beachtliche Kompetenzen im Umgang mit der Pflege angeeignet und wissen nun genau, was für ihn wichtig und gut ist.

Angehörige können Veränderungen hinsichtlich des körperlichen und geistigen Abbaus nur schwer akzeptieren und wünschen sich die Wiederherstellung des Gesundheitszustandes. Sie können schwer annehmen, dass professionelle Pflege notwendig geworden ist. Viele haben das Gefühl, nun den eigenen Vater, die Mutter „abgeschoben" zu haben, welches zudem noch verstärkt wird, dass nur wenige alte Menschen aus eigenem Wunsch in ein Pflegeheim gehen und diese Tatsache den Angehörigen auch so kommunizieren.

Angehörige stehen dem Pflegepersonal kritisch gegenüber, sind übermäßig besorgt und ängstlich und benötigen kontinuierliche Information über die Struktur des Hauses, die Pflegemaßnahmen und die geplanten Veränderungen.

## XVII.3 Angehörigenberatung durch die gerontopsychosoziale Praktikumsstelle

Im Rahmen unserer Praktikumsstelle hat sich die Kontaktaufnahme mit den Angehörigen beim Heimeintritt durch die Leitung bewährt. In einem ausführlichen Gespräch werden vorhandene biografische Daten der HeimbewohnerIn ergänzt und festgehalten.

Ein Hauptaugenmerk liegt aber beim Angehörigen selbst und wie es ihm mit der neuen Situation geht.

Das eigene Befinden wurde lange in den Hintergrund gerückt, da stets der Pflegende im Mittelpunkt war. In diesen Gesprächen wird viel an Erleichterung spürbar, wenn die Angehörigen von uns unterstützt werden und nun endlich über sich und ihre Wünsche sprechen können. Wir versuchen sie auch dabei zu unterstützen, sich selbst wichtig zu nehmen, offen über alles zu reden und vorhandenen Schuldgefühlen entgegenzuwirken.

Durch die Kontaktaufnahme mit der psychotherapeutischen Leitung des Praktikums sind die ersten Hemmschwellen gefallen, um beratende oder psychotherapeutische Gespräche anzunehmen, wiewohl es immer wieder notwendig ist, Angehörige zu ermuntern, auch Folgegespräche in Anspruch zu nehmen.

Die Tatsache, dass sie über das „Instrument" unsere Praktikumsstelle erfahren können, dass ihr Elternteil betreut und besucht wird, bringt Entlastung in der Übergangs- und Eingewöhnungszeit, in der die Heimbewohnerin durch die Stresssituation nicht selten mit vermehrten psychischen Symptomen, dem „Verlegungsstresssyndrom", reagiert. Neben den erwähnten informativen Entlastungsgesprächen kann sehr rasch ein individuelles Besuchsprogramm gestaltet werden, das auf die familiäre Situation der Angehörigen Rücksicht nimmt.

Urlaube oder bevorstehende Abwesenheiten der Angehörigen, in denen sie keine Zeit für Besuche haben, können mit einem hochfrequenten Betreuungsdienst durch das PraktikantInnenteam abgefangen werden.

Im „Haus Theaterpark" kommen die HeimbewohnerInnen aus einer ländlichen Umgebung und es ist üblich, die Angehörigen aktiv in die stationäre Pflege miteinzubeziehen. Dies erfordert ein hohes Maß an kontinuierlicher Kommunikationsbereitschaft von allen MitarbeiterInnen des Hauses.

Direkte Kontakte zwischen Angehörigen und PraktikantInnen ergeben sich ungeplant und belaufen sich auf lose, wenn auch oft auf sehr informative Treffen.

Die interdisziplinäre Zusammenarbeit am Beispiel Haus Theaterpark ermöglicht eine persönliche und individuelle Angehörigenberatung. Das gesamte Mitarbeiterteam lädt auch gelegentlich Angehörige zur Beratung und/oder Konfliktlösung ein.

Zusammenfassend sei aus Erfahrung zu berichten, dass die Etablierung von Angehörigengruppen in Institutionen nur selten nachhaltig angenommen wird. Hier zeigt sich einmal mehr, dass der fließende und lang anhaltende Betreuungsgedanke, wie ihn das dargestellte Modell beschreibt, auch bei dem wichtigen Thema Angehörigenentlastung große Vorarbeit leistet. Die teils informelle Beanspruchung von Angehörigengesprächen konnte im Laufe der Jahre in formale Kommunikations- und Beratungsgespräche verändert werden.

# XVIII. Das Gerontopsychosoziale Praktikum (GPP) aus Sicht der Pflegedienstleitung im niederösterreichischen Landespflegeheim Berndorf

(DGKS Maria-Theresia Radl)

Die Pflege und Betreuung von älteren Menschen verpflichtet uns, die Pflege- und Betreuungspersonen in Altenpflegeeinrichtungen, die Funktionstüchtigkeit der BewohnerInnen sowohl in körperlicher als auch in psychosozialer Hinsicht zu unterstützen und zu stärken (Empowerment). Gerade die Nachhaltigkeit betreffend kann dadurch sehr viel erreicht werden, wobei dies meist auch einen sehr günstigen Effekt auf die Lebensqualität der Betroffenen ausübt. In diesem Zusammenhang muss auf die äußerst positiven Effekte von regelmäßiger Bewegung und geistiger Beschäftigung hingewiesen werden.

Vor nicht allzu langer Zeit waren intensive rehabilitative Interventionen bei alten Menschen nahezu verpönt. Heute sind diese Maßnahmen im Rahmen eines modernen interdisziplinären, professionellen Betreuungs- und Pflegemanagements in der Arbeit mit den alten Menschen nahezu selbstverständlich.

Seit dem Frühjahr 2001 gibt es im niederösterreichischen Landespflegeheim Berndorf neben modernen Konzepten der Altenpflege auch das Angebot der gerontopsychosozialen Betreuung für BewohnerInnen und auf Wunsch auch für deren Angehörige.

Gerade geriatrische Personen haben einen enormen Bedarf an psychologischer Betreuung, da die meisten von ihnen eine Vielzahl von Verlusterlebnissen im Laufe ihres Lebens erleiden mussten. Der Tod des Partners oder weiterer naher Angehöriger, der Verlust der Gesundheit oder der körperlichen

Unversehrtheit, der Verlust des eigenen Heims etc. Viele dieser Belastungssituationen resultieren in einer Lebensunlust und Depression, wobei die Kompensationsmöglichkeiten durch Betätigungen, denen man in jüngeren Jahren nachgegangen ist (Arbeit, Freizeitaktivitäten), im Alter meist fehlen.

Neben der Betreuung der BewohnerInnen spielt auch die Beratung und Unterstützung der Angehörigen eine wichtige Rolle. Diesen fällt die Entscheidung, ihren Familienangehörigen dauerhaft in eine Altenpflegeeinrichtung zu geben, oft sehr schwer. Auch der Umgang von Angehörigen mit der durch demenzielle Erkrankungen häufig veränderten Persönlichkeit des Familienmitglieds führt immer wieder zu Konfliktsituationen, in denen ein psychologisches Gespräch Entlastung und Informationsvermittlung bieten kann.

**Kommunikation – der Schlüssel zum Menschen in der professionellen Altenarbeit**

Für Angehörige und Begleiter ist es nicht einfach, alte und demenzkranke Menschen zu verstehen. Um einen Zugang zu ihnen zu finden, kann es helfen, in die Welt des Alten und Demenzkranken einzutauchen. Dies fördert die Beziehung und ist der Ausgangspunkt für ein qualitätsvolles, interdisziplinäres Pflege- und Betreuungsangebot.

Alte, demenzkranke Menschen leben in einer Art Traumwelt, in der sie sich lebendig und zum Teil auch kompetent fühlen – unfähig, die realen Grenzen zu erfassen. Sie sind in ihr höchst verletzlich, schutzlos und irritierbar. Alle, die sie begleiten, stehen in der Verantwortung, diesen Traum nicht zu einem ängstlichen Alptraum werden zu lassen.

**Neue Anforderungen an das Pflege- und Betreuungspersonal**

Gewohnte, pflegekulturelle Wertvorstellungen, wie beispielsweise „Was charakterisiert eine angemessene Pflege und Betreuung?", „Woran wird Erfolg gemessen?", „Wie erfolgt die Arbeitsaufteilung?", werden durch die Zunahme von Menschen mit Demenz in Frage gestellt und neu diskutiert. Im niederösterreichischen Landespflegeheim Berndorf hat die Auseinandersetzung mit dem Thema „Lebensqualität für Menschen mit Demenz" bereits zu einer spürbar veränderten Einstellung zur Arbeit geführt:

Es geht nicht mehr darum, „irgendwie" in Ruhe und nett im Team alte Menschen zu pflegen.

Mit wachsendem Bedarf an spezifischer Fachlichkeit hat sich für engagierte Pflege- und BetreuungskollegInnen der Freiraum eröffnet, über Ziele und Sinn ihres beruflichen Tätigseins nachzudenken, um entsprechende Prioritäten in ihreM Berufsalltag setzen zu können.

Zu diskutieren sind beispielsweise folgende Fragen:

1. Welche Ansprüche kann man an ein Leben mit Demenzerkrankung stellen?
2. Wie können potenzielle Nutzer von der Qualität pflegefachlicher Arbeit überzeugt und gewonnen werden?
3. Wie sollen Lebensqualität und Alltagsgestaltung der Betroffenen und ihrer Angehörigen in den unterschiedlichen Versorgungsfeldern verbessert werden?

**In Würde schwächer werden dürfen**

Wesentliche Ziele in der Pflege und Betreuung Demenzkranker sind Lebendigkeit und Sicherheit. Konkret bedeutet das für den Betroffenen:

- Dem Demenzkranken sollte das Gefühl vermittelt werden, dass seine Kompetenz erhalten bleibt, das heißt, die notwendigen Hilfen sollen diskret und höflich angeboten werden. Dies erfordert eine kompetente und kontinuierliche Beobachtung, ob eine angemessene Kommunikation eingesetzt wird.
- Es geht darum, in Würde schwächer werden zu dürfen. Hier benötigen Menschen mit Demenz eine „Aura der Zärtlichkeit". Das heißt eine aufmerksame, unaufdringliche Wachheit, die Spielräume zulässt, aber Schutz vor Kränkung, Versagen und Verletzung bietet. Dies bedeutet eine qualitätsvolle, interdisziplinäre Pflege und Begleitung, als Mensch gesehen zu werden bis zum Schluss, mit einem unveränderten Recht auf Unversehrtheit der Person, auf Ernährung, auf Therapie und Flüssigkeit.
- Die Angehörigen sind auch heute noch zu wenig über die Chancen und Möglichkeiten eines Lebens mit Demenz informiert. Deshalb verwech-

seln sie „unheilbar" häufig mit „aussichtslos". Trauer und Erschöpfung prägen ihre Lebenssituation.
- Eine wichtige Priorität der qualitätsvollen interdisziplinären Pflege und Betreuung besteht darin, die Nöte mit zu tragen und den Betroffenen den Blick für die Chance eines gemeinsamen Lebens mit – oder trotz – der Demenz zu öffnen.

**Den Menschen vor dem Hintergrund seiner Biografie verstehen**

Wenn Familien mit Demenzkranken auf professionelle Hilfe zurückgreifen, sind ihre Selbsthilfekompetenzen meistens schon weitgehend ausgeschöpft. Die betroffene Person benötigt in der Regel kontinuierliche Unterstützung in den Alltagsverrichtungen. Eine qualitätsvolle, diskrete Begleitung und Pflege achtet darauf, die vorhandenen Kompetenzen der betroffenen Person zu aktivieren, ihre Stabilität und Sicherheit durch immer gleich bleibende Handlungsabläufe und positive Personenarbeit zu unterstützen.

Da die HeimbewohnerIn ihre Bedürfnisse und Wünsche in einer veränderten Weise äußert, erhalten die systematische Pflegebeobachtung und Verhaltensdokumentation eine zentrale Bedeutung. Es geht jeden Tag neu um das Bemühen, das Verhalten der betroffenen Person vor dem Hintergrund von Biografie und Vertrautheit zu verstehen, ihre Mitteilungen und Wünsche zu entschlüsseln und sie in vertrauensvollem Kontakt zu bestätigen. Differenzierte Beschreibungen der vom Betroffenen akzeptierten Vorgehensweisen, ihrer Lieblingssituationen sowie der bevorzugten Gespräche und Aktivitäten sind Kennzeichen einer achtsamen und hochwertigen Pflege- und Betreuungspraxis. Besonders deutlich zeigt sich die pflegerische und therapeutische Fachlichkeit in Bezug auf den biografischen Ansatz in der Gestaltung einer angemessenen Lebenswelt. Exaktes Wissen – beispielsweise über die Herkunft des betroffenen Menschen sowie über regionale Werte und Brauchtum – verhilft in vielen Situationen zu einem größeren Verständnis für seine innere Welt, schafft Anlässe für Gespräche, Erinnerungen und Aktivitäten.

**Die innere Welt des Demenzkranken anerkennen**

Im Laufe der Demenz leiden viele Betroffene unter Phasen eines starken Flucht- und Suchtverhaltens. Insbesondere beim Einsetzen der Dämmerung werden demenzkranke Frauen unruhig, es drängt sie nach Hause, um ihre Kinder zu versorgen. Solche Zustände sind heute noch nicht wirksam zu beeinflussen oder zu vermeiden.

Die pflegerische und therapeutische Zielsetzung besteht darin, ein Gefühl von gemeinschaftlicher Fürsorge herzustellen und zu versuchen, Ängste und Sorgen zu lindern.

Viele demenzkranke Frauen reagieren positiv darauf, wenn die Pflege- und Betreuungspersonen ihre Körperhaltung und Schrittfolge auf die der zu pflegenden Person abstimmen. Es entsteht eine Atmosphäre von Gemeinsamkeit, in der beruhigende und stützende Aussagen eingesetzt werden können.

Eine zeitgemäße gerontopsychiatrische Pflege und Betreuung verzichtet in diesen Situationen darauf, die demenzkranke Person auf die Realität hinzuweisen. Äußerungen wie „ihre Kinder sind erwachsen" verstärken Unruhe und Irritation der betroffenen Person und sind in diesem Zusammenhang kontraindiziert. Wenn man die Sorge um ihre Kinder mit ihnen teilt und einen Weg zur Entschärfung der Situation anbietet, entspannen sich die Mütter ein wenig. Beispielsweise bei einer Demenzkranken, die sich in ihrer inneren Welt in ihrem Heimatdorf befindet: „Im Dorf sind die Kinder sicher: Hier achtet jeder auf jeden, da bleibt keiner hungrig."

Ausflüge in die innere Welt des Betroffenen müssen von echtem Respekt und Ernsthaftigkeit getragen sein. Die Person spürt sehr schnell, ob wir sie und ihre Sorge wirklich meinen.

Qualitätsvolle Pflege und Betreuung übt sich in der aktiven und echten Anerkennung der Welt des zu Betreuenden. Sie respektiert die Sichtweise der betroffenen Person, stellt sich mit ihren Gesprächen und Aktivitäten sensibel darauf ein. Dabei bleibt die Pflegeperson trotz aller Einfühlung wahrhaftig. Alle Verhaltensweisen der Betreuungsperson sind darauf ausgerichtet, dem Betroffenen ein hohes Maß an Wohlbefinden, Selbstbestimmung, Anregung und Bewegungsräume zu schaffen bzw. zu erhalten. Einen hohen Stellenwert in der Sicherung der Lebensqualität von Menschen mit Demenz nimmt die Gestaltung einer angemessenen Kommunikation ein. Hier bieten sich beispielsweise die Integrative Validation nach Nicole Richard sowie die Positive Personenarbeit nach Tom Kitwood an.

**Integrative Validation nach Nicole Richard**

Bei der Integrativen Validation (IVA) nach Nicole Richard handelt es ich um eine verbale und nonverbale Kommunikationsform, die sich hauptsächlich auf die Beziehungsebene konzentriert. Die emotionale Zugehensweise versucht, die Erlebnisebene der desorientierten, alten Menschen zu erreichen. Oberstes Prinzip zum Verständnis ist, dass geäußerte Gefühle immer echt sind. Empfindungen werden angenommen, wertgeschätzt.

Die Integrative Validation versteht sich als Teamgeschehen, dass die Zusammenarbeit stärkt.

Die Validation beinhaltet folgende Elemente:

**1. Organisatorische Rahmenbedingungen**
– Beziehungsarbeit
– Biografiearbeit
– Kenntnisse von Symbolen und bevorzugten Sinnesorganen
– Einbindung milieutherapeutischer Konzepte
– Einbindung in die Pflegedokumentation

**2. Verhalten/Vorgehen**
– hinter den Mitteilungen liegende Gefühle werden wertgeschätzt und bestätigt
– die Haltung ist zulassend und akzeptierend, dies wird nonverbal unterstützt
– Interpretation und Bewertung werden vermieden
– die Mitarbeiter setzen biografische Daten im Gespräch ein, kennen Schlüsselbegriffe und persönliche Rituale

**3. Unterstützung der Teamarbeit und -kooperation**
Dies zeigt folgende Effekte:
– Stressabbau
– Stärkung von Kontaktfähigkeit und Zufriedenheit
– erhöhte Sicherheit

- Einbindung von Angehörigen
- verbesserte Arbeitsmotivation, -qualität und -zufriedenheit
- Wertschätzung intuitiver Fähigkeiten

**Positive Personenarbeit nach Tom Kitwood**

Unter „Positiver Personenarbeit" ist seit einigen Jahren ein Konzept aus Großbritannien bekannt geworden, das sich im Wesentlichen mit Demenzkranken und Begleitpersonen befasst. Die Interaktion gestaltet sich entsprechend den Bedürfnissen, der Persönlichkeit und den Fähigkeiten der Person. Der Begründer der Methode ist Tom Kidwood.

Prinzipien
Grundlagen eines angemessenen Umgangs mit Demenzkranken sind eine fördernde, wertschätzende und reflektierende Haltung und ein entsprechendes Verhalten.
  Das bedeutet:
- die Einzigartigkeit der Situation anerkennen
- die Identität und Lebensgeschichte akzeptieren
- die gesundheitliche Situation berücksichtigen
- sich für primäre Bindungen interessieren und sie berücksichtigen
- den Betroffenen in Tätigkeiten einbeziehen
- die gegenwärtigen Fähigkeiten nutzen
- den Gefühlen Gültigkeit verleihen
- die Einzigartigkeit der Person respektieren
- das Verhalten als Kommunikation würdigen
- die Qualität und Bedürfnisse der Pflegenden kennen

Formen der Interaktion
- **Anerkennung** (recognition)
Der Mensch mit Demenz wird als Person in seiner Einzigartigkeit anerkannt. Dies kann verbal oder nonverbal erfolgen.

- **Verhandeln** (negotiation)
Es werden Angelegenheiten des Alltags verhandelt, zum Beispiel Aufstehen: ja oder nein. Vorlieben, Wünsche, Bedürfnisse einer Person werden

erfragt. Geschicktes Verhandeln berücksichtigt Ängste, Unsicherheit und das langsamere Tempo des Gegenübers.

- **Zusammenarbeit** (collaboration)

Diese kann stattfinden bei der Hausarbeit oder bei der Pflege (Baden, Anziehen). Kennzeichen der Zusammenarbeit ist der Prozess, an dem eigene Initiative und Fähigkeiten des Menschen mit Demenz beteiligt sind.

- **Spielen** (play)

Spielen ist eine Form des Selbstausdrucks durch nicht zielgerichtetes, freies Handeln. Ein angemessenes Lebensumfeld schafft hierzu Gelegenheit.

- **Timalation** (timalation)

Sensorische und sinnbezogene Zugangsweise (Aromatherapie, Massage, Snoezelen) zum Menschen. Timalation erfordert wenig Leistung und eignet sich daher gut bei schweren kognitiven Beeinträchtigungen.

- **Feiern** (celebration)

Die Fähigkeit zum Feiern bleibt oft lange erhalten. Feiern hebt weitgehend die Trennung zwischen Menschen mit Demenz und den Begleitpersonen auf, da alle von einer ähnlichen Stimmung erfasst werden.

- **Entspannen** (relaxation)

Entspannung ist für viele Menschen mit Demenz nur möglich, wenn andere Personen in ihrer Nähe sind oder bei unmittelbarem Körperkontakt.

Was es heißt, eine Person zu sein:

> „Es ist ein Stand oder Status, der dem einzelnen Menschen im Kontext von Beziehung und sozialem Sein von anderen verliehen wird. Er impliziert Anerkennung, Respekt und Vertrauen. Ob jemandem Personsein zuerkannt wird oder nicht: Beides hat empirisch überprüfbare Folgen."
>
> (Kitwood, 2000, S. 27)

Das Personsein umfasst: Kognition, Gefühle, Handlung, Zugehörigkeit, Bindung an andere Personen und Identität.

Die Einzigartigkeit von Personen
Jede Person entwickelt sich auf ihre eigene, einzigartige Weise. Unterschiede zwischen den Menschen lassen sich an der Kultur, dem Geschlecht, dem Temperament, dem Aussehen, den Wertvorstellungen, den Erfahrungen, den Erlebnissen, der Bildung usw. aufzeigen.

Bedeutung für die Begleitpersonen
Alle, die alte Menschen und Demenzkranke betreuen, müssen sich selbst immer wieder hinterfragen und sich sorgfältig betrachten:
– Wie habe ich mich als Person entwickelt?
– Wo bin ich stark und fähig?
– Wo habe ich Probleme?
– Reichen meine eigenen Erfahrungsressourcen aus, um anderen Menschen in ihrer Bedürftigkeit zu helfen?

Psychische Bedürfnisse von Menschen mit Demenz
**Trost:** Trost beinhaltet Zärtlichkeit, Nähe, Lindern von Schmerz und Leid, aber auch ein Gefühl von Sicherheit.

**Identität:** Identität setzt Wissen/Empfinden für die eigene Geschichte voraus. Sie ist der rote Faden durch die vielen Stationen des Lebens. Die Konstruktion der individuellen Identität ist einzigartig. Menschen mit Demenz sollten in ihrer Identität gestützt werden. Dies ist mittels Biografiearbeit und Empathie möglich.

**Beschäftigung:** Menschen brauchen sie als subjektiv sinnvolles Tun. Bei Menschen mit Demenz muss die richtige Beschäftigung gefunden werden, zum Beispiel mit Hilfe einer guten Biografiearbeit.

**Einbeziehung:** Der Mensch ist ein soziales Wesen und hat ein starkes Bedürfnis danach, in einer Gruppe eingebunden zu sein. Bei Ausgrenzung und Missachtung dieses Wunsches drohen Isolation, Rückzug und ein beschleunigter Verlust der kognitiven Leistungsfähigkeit.

**Bindung:** Sie bietet Sicherheit und Orientierung, gerade für Menschen mit Demenz.

**Liebe:** Die fünf beschriebenen Bedürfnisse vereinen sich im zentralen Bedürfnis nach Liebe. Menschen mit Demenz zeigen ihr Verlangen nach Liebe oft in unkonventioneller Weise.

Vertrautheit, Sicherheit und Geborgenheit schaffen
In der Gestaltung des Lebensumfeldes geht es um Förderung von Wohlbefinden. Ein Milieu, in dem alte Menschen und Personen mit Demenz sich wohl fühlen können, kann an folgenden Merkmalen erkannt werden:

- die betroffene Person kann Wünsche zum Ausdruck bringen und in einer akzeptablen Weise geltend machen
- es gibt Anweisung zur körperlichen Entspannung und Erholung
- Humor ist Bestandteil des Alltags
- kreativer Selbstausdruck wird gefördert
- Vergnügen und Freude prägen den Alltag
- Hilfsbereitschaft und Sozialkontakte werden unterstützt
- Zuneigung steht im Zentrum der Beziehungen
- der Demenzkranke erfährt Selbstrespekt und Wertschätzung
- die ganze Bandbreite von Gefühlen kann zum Ausdruck gebracht werden
- alle werden angenommen
- eine hohe Empfänglichkeit für die emotionalen Bedürfnisse anderer ist vorhanden

Alle Strategien zielen letztlich darauf ab, die primären Bedingungen positiv zu unterstützen und damit zu erhalten, was für den alten und demenzkranken Menschen wichtig ist im Rahmen eines modernen, interdisziplinären Betreuungs- und Pflegemanagements in Altenpflegeeinrichtungen: Vertrauen, Sicherheit und Geborgenheit.

**Autorin:**
**Maria-Theresia Radl**
Diplomierte Gesundheits- und Krankenschwester
Akademische Leiterin des Pflegedienstes, Akademische Gerontologin
Niederösterreichisches Landespflegeheim „Haus Theaterpark"
Leobersdorfer Straße 8
2560 Berndorf
E-Mail: maria-theresia.radl@da-heim.at

# XIX. Das Gerontopsychosoziale Praktikum (GPP) aus Sicht der Heimleitung

(Gregor Herzog)

Zusammenfassung

Allgemeine Grundlagen
Lösungsansätze

**Allgemeine Grundlagen**

Die Qualität der Altenpflege in der niederösterreichischen Heimlandschaft hat sich in den letzten 10 Jahren stark verbessert. Aus struktureller Sicht war dies auf die Verselbstständigung der Altenheime (davor waren sie den Bezirkshauptmannschaften untergeordnet) und die damit verbundene Professionalisierung der Pflege zurückzuführen. Zudem haben sich die niederösterreichischen Heime, so wie in vielen anderen Bundesländern auch, zu einer Arbeitsgemeinschaft zusammengeschlossen, die laufend an einer Verbesserung der stationären Pflege arbeitet.

Die Bevölkerungsentwicklung leistete den wohl höchsten Beitrag zur Verbesserung der Pflegesituation. Durch die Zunahme der schweren Pflegefälle und die Abnahme der reinen Wohnplätze in den Pensionisten- und Pflegeheimen waren die Träger im Zugzwang und mussten für eine höhere Qualität und Quantität beim Betreuungspersonal sorgen. Die Pflege konnte nicht mehr „nebenbei" erfolgen, sie wurde Hauptbestandteil der Arbeit in einem Pensionisten- u. Pflegeheim.

Daneben wurde in Niederösterreich die mobile Hauskrankenpflege so stark ausgebaut, dass sich nur mehr die schweren Pflegefälle in stationäre Einrichtungen begaben.

Die Finanzierungsstruktur der Heime wurde dementsprechend umgestaltet und die Tagsätze der Bundespflegegeldeinstufung angeglichen.

Daraus entsteht in letzter Zeit vermehrt das Dilemma, dass einige betreuungsintensive Krankheitsdiagnosen in der Bundespflegegeldeinstufung nicht berücksichtigt sind und die Pflegeheime diesbezüglich zunehmend eine Finanzierungslücke für eine adäquate, personelle Betreuungsintensität vorfinden.

Dieses Problem verschärft sich aktuell aus dem Umstand, dass es hierbei vornehmlich um den demenziellen Diagnosenkreis geht, der gegenwärtig stark im Anstieg begriffen ist. Die Heime werden sozusagen von Menschen überschwemmt, für die sie keinen Tagsatz bekommen, der eine optimale personelle Betreuung gewährleistet.

Bei dem Schreckensszenario, dass der Bevölkerung bezüglich Demenz und Alzheimer-Erkrankung prognostiziert wird, verwundert dies stark, da gerade jetzt die Zeit reif wäre, für eine weite Feldforschung und die Erprobung von Betreuungsformen, die für den betroffenen Personenkreis optimal wären.

Neben der besonderen Problematik von Demenz und Morbus Alzheimer gilt es aber auch die psychosozialen Bedürfnisse von älteren und pflegebedürftigen Menschen zu ergründen.

In vielen Pflegemodellen findet dieser Aspekt der Bedürfnispyramide neben den klassischen Pflegehandlungen (beziehungsweise auch in den klassischen Pflegehandlungen) Berücksichtigung. Der Mensch wird ganzheitlich gesehen.

Die moderne Pflege bezieht die Geschichte des Individuums, die erlebten traumatischen Erfahrungen, aber auch die aufbauenden Erlebnisse, die vorhandenen Ressourcen und Defizite, die charakterlichen Stärken und Schwächen, das familiäre Umfeld und die persönlichen Eigenarten in eine Pflegeplanung ein, die geprägt ist von dem Versuch, Normalität in eine Institution zu bringen.

Die moderne Pflege geht sogar so weit, auch im hohen Alter nicht bewältigte Lebensprobleme aufzuarbeiten, nicht zuletzt auch deshalb, weil die Hospizbewegung aufgezeigt hat, dass sterbende Menschen mit ihren psychosozialen Bedürfnissen in der Vergangenheit oft eher ausgegrenzt wurden.

Das wunderbare Bild, das die Pflegetheorie von einer optimalen Pflege zeichnet, wird leider von den gegenwärtigen Zuständen zerstört, dies hat mehrere Gründe:

1. Die dreijährige Ausbildung einer diplomierten Gesundheits- und Krankenschwester in Österreich, mit einer starken Konzentration der Ausbildungsinhalte auf krankenhausspezifische Gegebenheiten, kann die eigentlich notwendigen, vielfältigen Ausbildungsinhalte nicht vermitteln. Die Fortbildung müsste bei Beibehaltung der einen Ausbildungsschiene verlängert werden. Das ändert aber nichts daran, dass soziale Kernkompetenz bei der Berufswahl der jungen Menschen nicht mit dem Fokus „Altenpflege" erfragt wird. Die meisten Menschen beginnen die Ausbildung mit dem Bild einer Krankenschwester im Krankenhaus.

Der andere Weg wäre die Teilung der Diplomausbildung in die Bereiche Alten- und Krankenpflege. Es bleibt die Frage offen, ob sich genügend Menschen für die Ausbildung im Bereich Altenpflege interessieren.

2. Die ein- bis zweijährige Ausbildung des Pflegehelfers bzw. Altenfachbetreuers ist bundesweit noch nicht einheitlich geregelt. Sie ist jedenfalls zu kurz, um komplexere, psychosoziale Ausbildungsinhalte zu vermitteln. Es stellt sich auch die Frage, ob dies notwendig und möglich ist, da der Zugang zu dieser Fortbildung sehr niederschwellig angesetzt ist.

3. Grundsätzlich sind derzeit in den niederösterreichischen Heimen Diplomkräfte und Pflegehelfer in der Pflege beschäftigt. Die Arbeit wird gemeinschaftlich erledigt. Lediglich auf die verschiedenen Berechtigungen nach dem GUKG wird Rücksicht genommen. Aufgrund der Personalbesetzung steht die Körperpflege stark im Vordergrund. Die psychosoziale Betreuung fließt zumeist lediglich in die klassische Pflegearbeit ein (Gespräche beim Waschen, bei der Essenseingabe, beim Anziehen). Für das „Plaudern" oder „intensive Gespräche mit ernsterem Inhalt" bleibt meist keine Zeit. Das wird auch vom Pflegepersonal als großes Defizit empfunden.

4. Für die psychosoziale Betreuungsarbeit gibt es in einem durchschnittlichen (108 Betten) niederösterreichischen Heim zumeist nur eine SeniorenbetreuerIn.

**Allgemeine Lösungsansätze**

Für eine strukturelle Umgestaltung der Betreuungslandschaft für alte Menschen in Österreich müssten im Vorfeld die demographischen Entwicklungszahlen ernst genommen werden. Sie müssten weiters durch Eckzahlen der Feldforschung im Altenbereich ergänzt werden (zum Beispiel flächendeckende „Minimental-status"-Testung aller Menschen in den Pflegeheimen auf den Grad der Demenz, Motivforschung für Heimeintritt und Aufenthaltsphasen im Heim, Testprojekte der Betreuungsformen mit wissenschaftlicher Begleitung und Aufarbeitung, Bedürfnisforschung bei alten Menschen). Dabei müsste beachtet werden, dass kundenorientierte Fragestellungen wirklich von den Kunden unbeeinflusst (weder von Angehörigen, noch standespolitisch) beantwortet werden.

Es müssen Berufsbilder der in der Betreuung von alten Menschen tätigen Personen neu entworfen werden. Dabei ist eine grundlegende Entscheidung zu treffen. Entweder die Einbeziehung vieler Spezialisten in die Betreuungsarbeit, unter Koordination eines Case-Managers, oder eine breite Höherqualifikation der in der Pflege beschäftigten Menschen mit Fokus auf die psychosozialen Komponenten in der Pflege. Selbst dabei ist zu berücksichtigen, dass mehr Menschen auch in der niederschwelligen (haushälterischen) Arbeit angestellt werden müssen, um die Höherqualifikation auch wirklich zu nutzen. Die psychische Belastung der in der Altenpflege tätigen Menschen muss ernst genommen werden.

Die derzeitige Bindung des zu verrechnenden Tagsatzes für die Pflege an die Bundespflegegeldstufen in Niederösterreich muss „aufgeschnürt" werden. Es werden einfach zu viele Leistungen erbracht, die im Bundespflegegeld nicht berücksichtigt werden (siehe Demenzproblematik).

Der zu verrechnende Tagsatz ist an die tatsächlichen Bedürfnisse anzupassen. Eine bundesweit einheitliche Personalbedarfsberechnung, untergliedert nach Hilfs- und qualifizierten Kräften (möglichst nach neuen Berufsbildern), ist zu erstellen.

Schließlich ist für den finanziellen Mehraufwand aus öffentlichen Geldern eine beständige Finanzierungsschiene einzuführen, die eine möglichst kontinuierliche Entlohnung des Pflegesektors ermöglicht. Dabei ist darauf Bedacht zu nehmen, dass die Finanzierung nicht als „Sozialhilfe" deklariert werden sollte, sondern dass es sich aus einer Mischfinanzierung aus „Sozialleistung, Krankenkassen-Reha-Leistung und neu zu schaffender Pflegeleistung" handelt.

Die Bevölkerung ist über den finanziellen Mehraufwand und dessen Notwendigkeit hinreichend aufzuklären.

**Lösungsansätze aufgrund der gegenwärtigen Situation im Landespflegeheim Berndorf – „Haus Theaterpark"**

Eine Anamnese der derzeitigen psychosozialen Betreuungssituation im niederösterreichischen Landespflegeheim „Haus Theaterpark" ergab folgende beachtenswerte Punkte:

1. Die MitarbeiterInnen in der Pflege sind engagiert, haben aber in der Betreuungssituation zeitlich wenig Ressource, intensivere Betreuungsgespräche zu führen. Dies wird von den MitarbeiterInnen selbst als Defizit ausgewiesen und belastet emotional.

2. Die MitarbeiterInnen in der Pflege sind in der Bearbeitung von komplexen, in sich greifenden traumatischen Lebensereignissen und deren Konsequenzen überfordert. Die daraus resultierende emotionelle Belastung führt zusätzlich zur zeitlich begrenzten Bearbeitbarkeit, zu Frustrationserlebnissen, die eine Folgeproblematik generieren. Diese kann sich in „Burnout" oder in einer „Team-Spannung" entladen.

3. Die Heimleitung hat sich aus diesen Gründen dazu entschlossen, den Aufbau eines ehrenamtlichen MitarbeiterInnenstabes zu forcieren. Durch Öffentlichkeitsarbeit und die strukturierte Entwicklung eines ehrenamtlichen Teams konnte dieses Ziel binnen kürzester Zeit erreicht werden. Die freiwilligen MitarbeiterInnen konnten auf der psychosozialen Ebene zur Vermehrung der sozialen Kontakte beitragen. Anfängliche Vorbehalte von einzelnen hauptamtlichen Angestellten, die in der Betreuungsarbeit der Ehrenamtlichen eine Konkurrenz oder gar eine Kontrolle sahen, konnten durch Aufklärung und die Injizierung von Einbeziehungsprozessen und die Argumente des Faktischen (es wurden keine Dienstposten eingespart) entkräftet werden. Was blieb, war die Sehnsucht der Pflegemitarbeiterinnen in ihrer Arbeitssituation nach mehr Zeit für das, was

die ehrenamtlichen MitarbeiterInnen in ihrem Betätigungsfeld erledigten. Es wurde daher versucht, in den Pflegekräften das „Verantwortungsgefühl für das Ganze" zu entwickeln. Das bedeutet, die ganzheitliche Pflege am alten Menschen wird als multiprofessioneller Prozess begriffen, der im Sinne von „Case-Management" unter Einbeziehung sämtlicher möglicher Ressourcen vollzogen wird. Die Pflegekräfte nehmen dabei eine wichtige Position, nämlich den der verlaufsbeobachtenden, tagtäglich agierenden und analysierenden Person ein. Sie stellen als Team die notwendigen Ressourcen für die optimale Betreuung zusammen und planen und dokumentieren den Verlaufsprozess. So gesehen, agieren sie im Team als „Case Manager/Managerin". Der Erfolg des gesamten Betreuungsteams müsste daher auch als Erfolg der Pflege gesehen werden. Die Identifikation mit gemeinsam erzielten Betreuungserfolgen (oder Misserfolgen) ist allerdings ein Prozess, der erst im zeitlichen Kontext von mehreren Jahren in seiner Wirksamkeit beurteilt werden kann.

4. Nach der erfolgreichen Einführung der zusätzlichen Ressource „ehrenamtlicher Besuchsdienst" und des in eine Fachrichtung qualifizierten „ehrenamtlichen Hospizdienstes" wurden allerdings durch das Überdenken der einzelnen Betreuungsleistungen auch die Lücken im Betreuungssystem sichtbarer. Diese Mängel betreffen vornehmlich die in Punkt 2 angeführten, fachlichen Defizite, die Pflegekräfte mit der Bearbeitung von komplexen psychosozialen Problemen überfordert. Dieser Mangel konnte auch nicht durch die Einbeziehung von Laien in die Betreuungsarbeit kompensiert werden.

Aus diesem Grund wurden die informellen Kontakte der Pflegedienstleitung des „Hauses Theaterpark" mit der klinischen Leitung, Frau Elisabeth Grünberger, des bereits etablierten gerontopsychosozialen Praktikums im Sanatorium Maimonides-Zentrum in Wien genutzt, um im Landespflegeheim Berndorf ebenfalls eine psychosoziale Praktikumsstelle zu etablieren.

Durch die Förderung des „Fonds Gesundes Österreich" konnte sie auch in finanzieller Hinsicht in die Wirklichkeit umgesetzt werden.

Die Praktikumsstelle ist seither durchgehend mit sechs bis acht PraktikantInnen besetzt. Diese werden durch eine klinische und eine organisatorische Leitung durch das Praktikum begleitet. Dabei wird die Arbeit der PraktikantInnen durch das Leitungsteam genau dokumentiert. Die PraktikantInnen kommen aus folgenden Ausbildungsformen:

- Praktikumsstelle für klinische Psychologie
- Praktikumsstelle für Psychotherapie
- Praktikumsstelle für Lebens- und Sozialberater

Entsprechend dieser Ausbildungsformen werden die PraktikantInnen eingesetzt und widmen sich dementsprechend folgenden Betreuungsformen:

- **Der Psychotherapie:** traumatische Erlebnisse werden mit einem Therapieziel in fixen und verbindlichen Settings aufgearbeitet;
- **der Einzelbetreuung:** soziale Isolation und ernstere Lebensprobleme werden außerhalb einer Therapie in regelmäßigen Settings besprochen;
- **der Stockwerksbetreuung:** lose soziale Begegnungen in Gruppen, einzeln auf der Station oder außerhalb, ohne Regelmäßigkeit (außer Gruppenangebote) und Verbindlichkeit. Im Rahmen dieser Stockwerksbetreuung findet aber auch die Aufnahme und Biografieerhebung der HeimbewohnerInnen statt.

Alle Betreuungsformen haben sich im Laufe der Zeit als sehr hilfreich herausgestellt. Die systematische Begleitung und Koordination der PraktikantInnen, die regelmäßigen Schnittstellenbesprechungen und die Kriseninterventionsgespräche des Leitungsteams der Praktikumsstelle, gemeinsam mit dem Team des Pflegeheimes, stellen einen nicht unwesentlichen Bestandteil der erfolgreichen Umsetzung der gerontopsychosozialen Praktikumsstelle dar.

Durch die regelmäßige Abgleichung von Wünschen und Bedürfnissen des Pflegeheimes mit den Möglichkeiten der PraktikantInnen konnte eine zielgruppenorientierte und dementsprechend optimierte Einsatzleistung der PraktikantInnen erreicht werden.

Die theoretische Ausbildung und die strukturierte Begleitung führte zu einer qualitativen Betreuungsleistung der PraktikantInnen, die genau jene Lücke füllte, die zwischen der Betreuung durch Besuchsdienst, Hospizdienst und das professionelle Pflegeteam, entstand.

**Folgende Vor- und Nachteile können bei den jeweiligen Betreuungsformen beobachtet werden:**

### a) Stockwerksbetreuung

In der Stockwerksbetreuung ist die Kreativität der PraktikantIn gefragt. Sie hat autonom zu entscheiden, ob sie in einer Gruppe oder einzeln gewisse Themen aufgreift und bearbeitet. Für das soziale Leben auf der Station wirkt die Stockwerksbetreuung sehr belebend und kommunikationsfördernd. Sie sollte auch als Anregung, die eine gewisse Eigendynamik in der Station entwickelt, gesehen werden. Sie sollte dazu dienen, dass HeimbewohnerInnen die Gelegenheit des „Kennenlernens" nutzen und die Kommunikationsanregung aufgreifen und eigenständig weiterführen. Dieses Ziel wird bis dato leider nur marginal erreicht. Die Sonderformen der Aufnahme und der Biografieerhebung bei der HeimbewohnerIn im Rahmen der Stockwerksbetreuung haben sich als sehr vorteilhaft herausgestellt. Durch eine ausführlich recherchierte Biografieaufnahme kann die Pflege auf die Lebensumstände und Gewohnheiten der HeimbewohnerIn besser abgestimmt werden. Die Aufnahmegespräche, die von der klinischen Praktikumsleitung durchgeführt werden, bieten erste Entlastung für das „an und für sich" psychisch belastende Aufnahmesetting. Sie inkludieren eine erste Einschätzung des Betreuungsaufwandes in den interdisziplinären Gesprächen. Die Stockwerksbetreuung ist beim Pflegeteam sehr beliebt, weil sie eine zusätzliche Präsenz im öffentlichen Raum und ein Gefühl von Sicherheit erzeugt.

### b) Einzelbetreuung

Sie kann gezielt bei stark isolierten HeimbewohnerInnen oder problematischen Familienkonstellationen eingesetzt werden. Sie dient weiter zur Bearbeitung und Abklärung schwerer Lebensthemen und liefert einen regelmäßigen Status quo über HeimbewohnerInnen, die auf der Kippe zu einer Psychotherapie stehen. Die Einzelbetreuung ist zudem stark lebensraumorientiert und kann sich gewissen Spannungen zwischen HeimbewohnerInnen oder Angehörigen, oder auch MitarbeiterInnen widmen. Im Rahmen der Einzelbetreuung wird auch in einer Zusatzform eine Unterstützung von MitarbeiterInnen bei psychisch belastenden Arbeitssituationen angeboten. Letzteres wurde und wird des Öfteren in Anspruch genommen und konnte im Rahmen von Krisenintervention einige angespannte Situationen entlasten. Die Problematik der Einzelbetreuung liegt in der beschränkten Kapazitätsmöglichkeit und der dementsprechenden Selektionsnotwendigkeit sowie in der aus dem Setting bedingten geringeren Flexibilität als bei der Stockwerksbetreuung. Sie ist auch weniger öffentlich und aufgrund der Schwere der Lebensthemen in geringerem Ausmaß von sichtbarem, messbarem beziehungsweise kurzfristigem Erfolg gekennzeichnet. Ausgleichend im Erfolgserleben gegenüber den PflegemitarbeiterInnen wirkt hierbei die Sonderform des Entlastungsgespräches für Angehörige und MitarbeiterInnen.

### c) Die Psychotherapie

Diese Betreuungsform ist die intensivste und verbindlichste. Es werden schwere Lebenstrauma und Verletzungen bearbeitet. Es gibt ein zeitlich verbindliches Setting. Der Erfolg ist im Hinblick auf die Komplexität schwer messbar. Ein entsprechendes Angebot hat sich aber schon in einigen Fällen aufgrund einer diagnostischen Abklärung als notwendig herausgestellt und auch zu einer spürbaren Entlastung des Klienten geführt. Die Annahme der Angehörigen eines derartigen Angebotes in einem Pflegeheim ist des Öfteren mit dem Argument „ja braucht der das denn noch" negativ gefärbt. Lediglich Theorien der Hospizarbeit und Palliativmedizin, die die Notwendigkeit von Lebensaufarbeitung bis zum Lebensende nahelegen, können hierbei hilfreich sein.

Mit zunehmender Intensität der Betreuungsformen und der Professionen, die im „Haus Theaterpark" zur Anwendung kommen, hat sich proportional eine verstärkte Strukturierungs- und geregelte Kommunikationsnotwendigkeit herausgestellt.

Der Einsatz von regelmäßigen, interdisziplinären Fallbesprechungen war hierbei ein wichtiger Schritt zur Kundenorientierung und Einsatzoptimierung.

In regelmäßigen Abständen wird nun unter der Koordination der Stationsleitung eine Betreuungsleistung mit den verschiedenen Professionen vereinbart und auf Gültigkeit evaluiert. Folgende Professionen werden dabei einbezogen:

- Pflege
- Medizin

- Physiotherapie
- gerontopsychosoziales Praktikum
- ehrenamtlicher Besuchsdienst
- ehrenamtlicher Hospizdienst

In gemeinsamer Absprache werden auch Leistungen eruiert, die eventuell extern erbracht werden müssen (zum Beispiel: Rehabilitationsaufenthalt, Logopädin, Sonderformen der Physiotherapie et cetera). Leistungsüberschneidungen werden abgeklärt und abgestellt.

Im Zusammenhang mit dieser notwendigen Weiterentwicklung kann die Implementierung des gerontopsychosozialen Praktikums im „Haus Theaterpark" als Erfolgsgeschichte gesehen werden, die zukunftsweisend für die Abdeckung eines Betreuungsbedarf auf psychosozialer Ebene steht, der schon die längste Zeit systemimmanent ist und dessen Missachtung, neben der mangelnden systematischen Erforschung der Bedürfnisse alter Menschen, zu Unzufriedenheit mit den öffentlichen Angeboten in der Altenbetreuung führt.

Autor:

**Gregor Herzog**
Heimleiter im Landespflegeheim Berndorf
Diplomierter Sozialarbeiter
41 Jahre
wohnhaft in Berndorf

## XX. Das Böhmer-Laufer Psychosoziale Praktikum aus Sicht des ärztlichen Leiters

(Prim. Dr. Heinrich Schmidt)

Die wachsende Zahl älterer Menschen, die Betreuung und Unterstützung benötigen, ist wohl eine zentrale Herausforderung der kommenden Jahrzehnte.

Ein Betreuungsmodell, in dem die psychischen und emotionalen Bedürfnisse von HeimbewohnerInnen in einem Alten- und Pflegeheim im Vordergrund stehen, war vor fünfzehn Jahren bei der Entstehung des Böhmer-Laufer Psychosozialen Praktikums geradezu revolutionär, da man psychischen Störungen und deren Behandlung von alten Menschen ausschließlich pharmakologisch begegnete. Die Entwicklungen der modernen Gerontologie zeigen heute klar auf, dass sowohl eine Differenzierung psychischer Störungen, adäquate Untersuchungen als auch qualitative psychische Betreuung und Behandlung notwendig sind, will man dem Anstieg der Demenzerkrankungen und der Altersdepression gerecht werden.

So beinhaltet psychosoziale Versorgung von alten Menschen Früherkennung, Therapie und begleitende Maßnahmen im Heimalltag.

Das Sanatorium Maimonides-Zentrum der israelitischen Kultusgemeinde beherbergt und pflegt HeimbewohnerInnen vieler Nationen, sowohl aus der jüdischen Bevölkerung als auch nichtjüdische BewohnerInnen. Das Zusammentreffen so vieler unterschiedlicher Menschen verschiedener Herkunft bringt auch mit sich, dass hier auch unterschiedliche Sprachen gesprochen werden.

Hier begegnen einander Menschen vieler Kulturen, aber alle MitarbeiterInnen dieses Hauses haben ein Ziel: den HeimbewohnerInnen Wurzeln der Geborgenheit und Heimat zu bieten.

Das Böhmer-Laufer Psychosoziale Praktikum, BLPP, im Sanatorium Maimonides- Zentrum ist eine Praktikumsstelle für angehende PsychotherapeutInnen und PsychologInnen, die sich unter fachlicher Leitung und Betreuung vorwiegend um die psychosozialen, emotionalen und persönlichen Anliegen unserer HeimbewohnerInnen bemühen.

Der bei der Entwicklung grundlegende Gedanke, den Menschen im Haus eine Bezugsperson zur Verfügung zu stellen, die sich empathisch um all die „kleinen und großen" persönlichen Bedürfnisse kümmert, die möglicherweise in einem Pflegealltag nicht erfüllt werden können oder auch nicht wahrgenommen werden können, wurde sehr bald nach Gründung der Praktikumsstelle erweitert und differenziert.

Die ersten Erfahrungen zeigten, dass zum einen die HeimbewohnerInnen einen sehr großen Bedarf an persönlicher Beziehung und Betreuung hatten und zum anderen die Bedürfnisse und Anliegen, die sie verbalisierten, einer erhöhten Sensibilisierung, Reflexion und Erfahrung im Umgang bedurften.

Die zwingende Notwendigkeit, sich im Sinne der HeimbewohnerInnen um Qualität in der Auseinandersetzung, sprich qualitative Betreuung, zu bemühen, führten uns zu der Errichtung einer staatlich anerkannten Praktikumsstelle.

Die Betreuungspersonen sollten über grundlegende Fähigkeiten psychischen Erlebens und Empfindens sowie der Kommunikation verfügen, die zwingende Voraussetzungen dafür sind, eine qualitative Betreuung zu gewährleisten.

Die PraktikantInnen, die heute in unserem Haus tätig sind, werden nach einem Aufnahmegespräch durch die Leitung und einer Probezeit auf genau diese Fähigkeiten hin ausgewählt und bei bestehendem Interesse und Eignung individuell einer HeimbewohnerIn zugeteilt. Dieser Betreuungsbedarf wird dabei in den interdisziplinären Sitzungen und im geriatrischen Assessment erhoben und überprüft. Die schriftlichen Verlaufsprotokolle geben Auskunft über den Prozess der Betreuung und runden die Wahrnehmungen der momentanen Befindlichkeit, Wünsche und Veränderungen der HeimbewohnerIn im interdisziplinären Austausch ab.

Die sehr persönlichen und zum Teil hochfrequenten Kontakte ergeben durch die intensiven Gesprächs- und/oder Aktivitätsinhalte oft neue, sicher aber erweiternde Einblicke in biografische, ressourcenorientierte und psychische Anliegen der HeimbewohnerInnen, die zum Beispiel hinter dem einfachen Wunsch, das Frühstück im Zimmer einnehmen zu wollen, die Tatsache von schweren Alpträumen und Schlafstörungen geplagt zu werden, erkennen lassen. Psychischer Instabilität kann sehr rasch entgegengewirkt werden und adäquate Behandlungsmethoden können eingeleitet werden.

Das Betreuungsangebot und die Wirkfaktoren des Böhmer-Laufer Psychosozialen Praktikums erfordern eine enge Zusammenarbeit mit dem Leitungsteam des Hauses, aber auch mit allen MitarbeiterInnen.

Die meisten hier lebenden alten Menschen berichten über traumatische Erfahrungen in der Vergangenheit, zum Teil lebhafte, aber auch stark verdrängte und zum Schweigen verdammte Erinnerungen an Konzentrationslageraufenthalte, Fluchterfahrungen, Verlust der Heimat, Entwurzelung, Verluste vieler oder aller Kindheitserlebnisse – sie gehören der Gruppe der Überlebenden an.

Menschen, die sich in der Phase des Alterns befinden, die sichtbare und unsichtbare Spuren, Erfahrungen und Erinnerungen aufweisen, verlangen höchsten Respekt und Achtung dem menschlichen Dasein gegenüber.

Die PraktikantInnen sind vor neue Herausforderungen und Aufgaben gestellt, angesichts der klinischen psychischen Grundstörungen und den Merkmalen des sogenannten Survivor-Syndroms.

Die Anforderungen an die PraktikantInnen im Umgang mit diesen Themen wachsen mit der Komplexität der physischen und psychischen Verfassung der Betroffenen. Hier ist ein hohes Maß an Empathie und Zuneigung sowie die Fähigkeit des Zuhörens und verantwortungsvoller Begegnung notwendig, um den vielfältigen Gefühlen Raum und Halt zugeben.

Der Dialog von jungen StudentInnen und unseren HeimbewohnerInnen ermöglicht einen regen Generationendialog, der in seiner geschichtlichen und kulturellen Bedeutung – Shoa-Überlebende und junge Menschen des 21. Jahrhunderts – nachhaltige aufklärungs- und bewusstseinserweiternde Dimensionen enthält.

HeimbewohnerInnen, die das Schweigen brechen, in dem sie „Zeitzeugenberichte" geben, können die StudentInnen in unserem Haus neben der allgemein-fachlichen Einsicht in Gerontologie „hautnah" Geschichte erleben lassen.

So umfasst gerontopsychosoziale Betreuung in unserem Haus Beratung und Begleitung auf vielen Ebenen des Daseins und hilft uns, diagnostische und therapeutische Maßnahmen psychischer Störungen früh zu erkennen. Sie dient als „Wegbereitung" für etwaige nachfolgende psychotherapeutische Behandlung und ist mit ihren vielfältigen psychosozialen Ressourcen aus unserem Heimalltag nicht mehr wegzudenken.

**Prim. Dr. Heinrich Schmidt**
Ärztlicher Leiter des Sanatoriums Maimonides-Zentrum Wien

# XXI. Fallbeispiele

> Zusammenfassung
>
> Psychosoziale Betreuung einer Alzheimer-Patientin
> Psychosoziale Betreuung einer paranoid misstrauischen Patientin
> Psychosoziale Betreuung einer aggressiven, sehr fordernden Patientin
> Auswertung der Fallbeispiele hinsichtlich des Praktikumsmodells

## XXI.1 Psychosoziale Betreuung einer Alzheimer-Patientin

Die 69-jährige Frau B. zog vor zwei Jahren mit ihrem 75-jährigen Ehemann in unserem Heim ein. Ihr Gatte war nach einem Schlaganfall zum Pflegefall geworden. Seine Frau war die aktive, lebensfrohe Begleitung, die „ihm zuliebe" mitgegangen ist.

Nach ungefähr einem halben Jahr bemerkte das Pflegepersonal leichte Vergesslichkeit bei Frau B. Sie konnte verschiedene persönliche Gegenstände nicht mehr finden, hatte Mühe mit Geld umzugehen. Sie selbst war es, die zu uns kam, weil sie einen psychologischen Test und mit jemandem reden wollte, da sie ahnte, was diese Vergesslichkeit bedeutete ...

Aus der **Anamnese** ergab sich:

Sie wurde als Tochter einer Musikerin und eines Diplomaten geboren. Ihre Schwester ist drei Jahre älter. Diese lebt heute mit ihrem Mann in Deutschland. Frau B. lebte in einem wohlhabenden Haushalt, behütet, verwöhnt, musikalisch ausgebildet und mit einem Sprachentalent, das sie vom Vater erbte, wie sie betont. Dieser starb nach dem Krieg an Erschöpfung und Unterernährung. Die Mutter heiratete erneut und verlor auch diesen Mann nach 5 Jahren. Sie erkrankte mit 50 an der Alzheimer-Demenz und starb mit 75 Jahren.

Frau B. lernte ihren Mann mit 17 Jahren kennen. Er war fast fertiger Tierarzt und sie heiratete ihn mit 20. Sie bekam zwei Kinder, einen Sohn und 5 Jahre später eine Tochter. Beide haben innigen Kontakt zu den Eltern. Mittlerweile ist sie siebenfache Großmutter.

Sie führte in ihrer Ehe einen großen Haushalt mit vielen Gästen, kümmerte sich um den Rosengarten und die Kindererziehung und sang nebenbei in einem Chor.

Als die Kinder auszogen, besuchte sie ehrenamtlich ältere Menschen – sie liebte diese Tätigkeit.

Sie hat zahlreiche Hobbys, ist sehr gesellig und hilfsbereit und im Heim der Liebling aller.

**Medizinische Diagnosen**

- Bluthochdruck
- Osteoporose
- SDAT (Senile Demenz vom Alzheimer-Typ)

**Betreuungsverlauf**

Die Patientin hat einen ganz klaren Auftrag an uns:

Sie möchte ihr Sterben in Würde vorbereiten, da sie „weiß, wie es ist, an der Alzheimer-Krankheit zu leiden". Sie betreute ihre Mutter bis zu deren Tod.

Wir stellen ihr eine fast fertige Psychotherapeutin zur Seite, die sie eineinhalb Jahre begleitet.

Der dringlichste Wunsch von Frau B. ist, dass bei Fortschreiten ihrer Erkrankung ihre Würde gewahrt bleibt. Sie erzählt zuerst davon, dass sie alles vergessen wird, niemanden erkennen wird, verlernen wird zu essen, zu reden, aufs Klo zu gehen und dass sie nicht mehr ins Freie wird können, weil sie sich verlaufen wird.

Das alles hat sie bei ihrer Mutter erlebt und diese teilte ihr nicht mit, was ihr wichtig ist. So wusste sie nicht, welche Berührungen ihr angenehm sind, ob sie religiösen Beistand möchte et cetera. Das will sie in ihrer letzten Lebensphase anders haben.

Die gesamte Familie ist informiert und unterstützt sie sehr. Am schwierigsten ist es für ihren Mann, der mit der Persönlichkeitsveränderung seiner Frau sichtlich nicht umgehen kann. Auch er wird in die psychosoziale Arbeit mit eingebunden, ignoriert aber im Laufe der Betreuung die deutliche Verschlechterung und zieht sich komplett von seiner Frau zurück. Er geniert sich für sie und ist am Ende froh, dass sie auf die Pflegestation verlegt wird. Er wird durch eine andere Psychotherapeutin betreut.

Die Betreuungsstunden finden anfänglich immer beim Spazierengehen statt. Frau B. ist eine sehr sportliche Frau, die immer noch Tennis spielt, Schwimmen geht, und täglich 3 Stunden ausgedehnte Wanderungen in den nahen Wienerwald unternimmt.

Da sie sich ihrer Orientierungsstörungen bewusst ist, bittet sie die Therapeutin sie zu begleiten, da sie in Sorge ist, nicht mehr heimzufinden.

Sie erzählt von Musik, die sie gerne hört, und nennt genau Titel und Interpret. Man solle ihr das auflegen, wenn sie „ins Vergessen rutscht", wie sie das nennt.

In den ersten 4 Monaten der Betreuung merkt man ihre Vergesslichkeit kaum. Sie hat allerdings große Probleme beim Bezahlen. Frau B. begleicht beispielsweise eine Taxirechnung über 15,– Euro mit einem 50-Euro-Schein und sagt: „Danke, der Rest ist für Sie." Damit konfrontiert, möchte sie nichts mehr mit Geld zu tun haben, weil „sonst bleibt ja für die Pflege nichts mehr übrig". Natürlich vergisst sie solche Erlebnisse sofort.

Die Verwirrung schreitet merklich voran. Sie kocht mitten in der Nacht im Appartement, weil sie davon überzeugt ist, ihre Freundinnen eingeladen zu haben. Sie zieht Pullover verkehrt herum an und ist nicht in der Lage, dies von sich aus zu korrigieren.

Langsam vergisst sie auch die Namen ihrer Enkelkinder und deren Alter. Anfangs helfen hier die ausführlichen Fotoalben mit den Jahreszahlen, aber bald ist auch das Nachrechnen nicht mehr möglich.

Zwischenzeitlich muss sie sich auch einer Knieoperation unterziehen. Der Aufenthalt im Privatkrankenhaus gestaltet sich als ausgesprochen schwierig, da die Patientin sich in der neuen Umgebung überhaupt nicht zurechtfindet. Sie bekommt durch die Familie eine 24-Stunden-Betreuung, so dass sie immer eine Ansprechperson hat und, was viel gravierender war, nicht weglaufen kann.

Die Operation verläuft komplikationslos, die Mobilisation macht ihr großen Spaß, da sie ja Bewegung liebt. Die Rückkehr ins Heim verwirrt sie allerdings neuerlich und sie hat auch zeitweise optische Halluzinationen, die allerdings mit Medikamenten bald kein Thema mehr sind.

Sie hat immer noch viele Erinnerungen und klare Momente, in denen sie genau artikuliert, was sie alles möchte. Und sie leidet sehr unter ihrem Gedächtnisverlust. Sie weint immer wieder und hat so Angst für andere zur Belastung zu werden.

Wie unter Zwang teilt sie uns immer wieder mit, was wir alles erzählen sollen, wenn sie sich an nichts mehr erinnert:

- Sie möchte von ihrem „Muttchen" erzählt bekommen und dass sie am Ende des Tunnels von ihr erwartet wird.
- Sie liebt es, an der Hand gehalten zu werden.
- Sie möchte, wenn sie bettlägrig wird, am liebsten auf der Seite liegen und in den Garten schauen.
- Sie hasst duschen und möchte lieber baden.
- Sie will immer gut frisiert sein und ihren Schmuck angelegt bekommen.
- Ihre Kleidung muss sauber sein, kein Lippenstiftfleck am Blusenkragen.
- Alte Fotos möchte sie gezeigt bekommen und alle sollen sie beim Vornamen nennen, denn dann hat sie vielleicht das Gefühl, wieder zu Hause zu sein.

Genauso wird es passieren. Wir begleiten Frau B. genau nach ihren Wünschen – das Pflegepersonal badet sie zweimal wöchentlich, was sie sichtlich genießt.

Uns und ihre Betreuerin erkennt sie bald nicht mehr.

Sie verliert ihre Fähigkeit zu sprechen, kann keine Worte mehr bilden und weint in den Augenblicken, wo ihr das bewusst wird.

Sie bleibt ein freundlicher, zugewandter Mensch, der fest nach unserer Hand greift, wenn wir sie halten.

Die Familie nimmt Abschied und am Ende hatten wir alle das Gefühl, dass sie ihr Muttchen gesehen hat.

**Psychosoziale Interventionen**

- Setting beim Spaziergehen
- Annahme und Respekt ihrer Wünsche
- Einbezug der Familie
- Einbindung des Pflegepersonals in die persönlichen Wünsche der Körperpflege
- Berührungen (Streicheln, Hand halten)
- Geführte Phantasiereisen
- Ressourcenförderung durch kognitive Hilfestellung (Fotoalben)

## XXI.2 Psychosoziale Betreuung einer paranoid misstrauischen Patientin

Die verwitwete 83-jährige Frau K. wurde vor zwei Jahren vom Krankenhaus in der Pflegestation aufgenommen.

Zum Zeitpunkt der Aufnahme ist Frau K. sehr schwach, liegt am liebsten im Bett, ist nicht immer kontaktierbar, oft zeitlich und örtlich desorientiert. Sie wird im Rollstuhl mobilisiert und verbringt bald die größte Zeit des Tages im Aufenthaltsraum, meist somnulent. Wenn sie geweckt werden kann, signalisiert sie durch ihre Körperhaltung (Blick auf die Knie gerichtet, verschränkte Arme), dass sie keinen Kontakt möchte. Da sie eine gekrümmte Wirbelsäule hat, ist sie stets vornübergebeugt – diese Haltung verursacht ihr starke Nacken- und Rückenschmerzen. Sie leidet sehr unter ihrem allgemeinen Schwächezustand. Frau K. ist ängstlich, misstrauisch, ablehnend. Auf Berührung reagiert sie panisch.

**Anamnese und Exploration**

Sie ist ein Einzelkind aus armen Verhältnissen, der Vater gelernter Schuster, die Mutter Hausfrau. Sie besuchte Volks- und Hauptschule in Wien, begann eine Lehre als Sekretärin, die sie aber abbrechen musste, da sie Kriegsdienstleistungen erbringen musste. Über diese Zeit hat sie nie mit ihrer späteren Familie gesprochen sowie es auch keinerlei Informationen zur Kindheit gibt. Sie arbeitet später als Sekretärin, heiratet mit 30 Jahren, bekommt zwei Söhne. 2001 stirbt ihr Mann, dessen Tod sie sehr verändert hat. Zu den Söhnen besteht so gut wie kein Kontakt. Diese können auch keine Auskunft zu ihrem Leben geben. Drei Jahre nach dem Tod des Mannes stürzt sie zu Hause, wird ins Spital gebracht und kommt danach zu uns.

**Medizinische Diagnosen**

- Obstipation (Verstopfung)
- Osteoporose
- Status post Insult (Schlaganfall)
- Polyarthrosen
- wiederkehrende Stürze
- Harn- und Stuhlinkontinenz
- Depression
- senile Demenz mit paranoider Symptomatik.

**Betreuungsverlauf**

Frau K. redet zwar selten, eine Betreuung, egal welcher Art, lehnt sie mit klaren, bestimmten Sätzen definitiv ab. Sie bleibt paranoid, zurückgezogen und fällt der BLPP-Leitung bei Chefvisiten dadurch auf, dass sie entgegen ihrer abweisenden Körperhaltung sehr klare Auskunft über ihre seelische und körperliche Befindlichkeit geben kann. Hierbei wird auch erstmals bemerkt, dass sie sehr schlecht sieht.

Die PraktikantInnen bemühen sich immer wieder vergeblich, Kontakt herzustellen.

Die ablehnende und manchmal auch aggressive Art Frau K.'s ist für viele nicht einfach und außer Kurzbesuchen ist nichts möglich.

Dies führt zum totalen Rückzug von Frau K. und verstärkt ihre Angst und ihr Misstrauen allen Besuchern gegenüber.

Wir entschließen uns daher erneut, einen Betreuungsversuch zu wagen, indem wir eine ältere PraktikantIn zu ihr schicken.

Es werden vor allem die nonverbalen Interventionen sein, die zu einem großen Erfolg führen werden – deshalb wollen wir diese ausführlicher darstellen:

Anfangs sitzt die BetreuerIn einfach nur am gleichen Tisch ihr gegenüber und schreibt oder liest. Sie spricht Frau K. nicht an, da sie „solche Überfälle" (O-Ton) nicht liebt. Im Laufe der Zeit nimmt Frau K. ihr Gegenüber wahr, später beobachtet sie genau deren Bewegungen und nach einiger Zeit (hier sprechen wir von circa fünf Wochen) beginnt sie sich für ein mitgebrachtes Stofftier zu interessieren, es zu verlangen und zu befühlen.

In den folgenden zwei Monaten hat die PraktikantIn immer neue, verschiedenartige Gegenstände mit, die Frau K. nun gezeigt bekommen will.

Erstaunlich daran war, dass die schweigenden Wochen, in denen die Praktikantin oft den Eindruck hat, die HeimbewohnerIn kann eigentlich gar nicht sprechen, dadurch beendet werden, dass Frau K. zwar leise, aber in klaren, logischen, verständlichen Worten ihre Bedürfnisse äußert.

Aus dieser nonverbalen Anfangsphase ergab sich ein streng definiertes Ritual, dass Frau K. Sicherheit und Kontinuität vermittelte.

Wir dürfen Ihnen hier den Bericht der PraktikantIn in ihren eigenen Worten wiedergeben:

Bei meinem allerersten Besuch schlief Frau K. tief eingesackt in ihrem Rollstuhl im „Salon" – das heißt im allgemeinen Kommunikationsraum der Bettenstation. Sie wirkte auf mich überaus schwach, geradezu zerbrechlich – schulterlange graue Haare, viel zu großer Pullover; sehr schmale, schön geformte Hände. Ich habe sie einige Minuten betrachtet und mich entschlossen, sie nicht zu wecken.

Am frühen Nachmittag traf ich Frau K. wach, aber etwas benommen an. Sie sah mich an, als ob ein Geist vor ihr stünde, reagierte ängstlich, ablehnend, unnahbar. Ihre Sprache war sehr undeutlich, aber sie gab mir unmissverständlich zu verstehen, dass sie niemanden sehen oder sprechen möchte. Auf eine leichte Berührung ihrer Hände reagierte sie panisch, war außer sich – ihre ablehnende Haltung verstärkte sich.

Mich persönlich hat dieser ablehnende Erstkontakt betroffen, aber nicht mutlos gemacht – der Fall K. sollte sich zu einer großen Herausforderung entwickeln, in dessen Verlauf ich vermehrt theoretisch erlernte Interventionen erproben konnte.

Die ersten sechs Wochen waren geprägt von Stille und Ignoranz – eine Stille, die sehr schwer zu ertragen war. Ich habe unsere Settings zweimal wöchentlich zu je zweimal 20 Minuten eingeteilt, habe mich aber nach kurzer Zeit ihren Befindlichkeiten angepasst. Ich habe am Tisch von Frau K. Platz genommen, gegenüber von ihr und bin pro Setting wenige Zentimeter näher an sie herangerückt, wobei ich anfangs einfach „da gewesen" bin und sie nicht angesprochen habe. Frau K. hat mich langsam zur Kenntnis genommen und sich nicht mehr über „die Überfälle" – wie sie mir später erklärte – beschwert. Nach circa vier Wochen habe ich zu jedem Setting ein vielfältiges Angebot an bunten Papierstreifen und Plüschtieren mitgebracht und vor mir ausgebreitet.

Langsam begann sie mich und meine mitgebrachten Dinge sowie meine Bewegungen zu beobachten – langsam mich als Person zur Kenntnis zu nehmen. Mein Kommen und Gehen nahm sie mittlerweile sichtlich bewusst war.

Nach circa sechs Wochen verlangte sie eines Morgens buntes Papier, einen sehr bunten Kugelschreiber und sie wollte unbedingt eine Mappe befühlen. Sie teilte mir auch mit, dass sie schlecht höre und sehe. Damit war die Zeit der nonverbalen Kommunikation vorbei und es begann eine ganz neue Phase des „Miteinander" in den Settings.

Den nächsten Schritt erleichterte mir ein mitgebrachtes Plüschzebra, das sie intensiv befühlen wollte. Frau K. hat wunderschöne graublaue Augen, aus denen am Anfang unserer gemeinsamen Begegnungen viel Angst, Verzweiflung und Müdigkeit sprach und die an Tagen mit schlechter Verfassung überhaupt geschlossen blieben. Augen, die heute lachen und schelmisch sein können und eine Palette von Gefühlen signalisieren können. Sie sieht sicherlich schlecht, aber lange nicht so wenig, wie sie zu Beginn meiner Betreuung behauptete. Rasche und abrupte Bewegungen erschrecken sie aufgrund ihrer Sehschwäche aber immer noch sehr. Heute erkennt sie mich sofort, wenn ich mich ihr nähere – sie richtet sich aus ihrer gebückten Haltung auf und betrachtet mich eingehend. Wir haben ein besonderes Begrüßungsritual entwickelt.

Ich nähere mich Frau K. langsam von vorne und neige meinen Kopf leicht nach rechts, dann nach links und schaue sie dabei an. Frau K. erkennt mich an dieser Bewegung sofort, lacht mich an, betont immer wieder, wie sehr ihr diese Kopfbewegung gefällt und versucht sie selber nachzumachen – was ihr mittlerweile schon gut gelingt.

Frau K. beeindruckte mich vom Anfang unserer verbalen Kommunikation an mit deutlicher, klarer Sprache in vollständigen und logischen

Sätzen. Innerhalb der Settings überlasse ich die Entscheidung ganz ihr, ob sie mein Angebot zur Kommunikation annimmt oder nicht. In den meisten Fällen stellt sie selbst den Kontakt her mit den Worten „na wennst schon da bist, dann setz dich halt", was für mich auf eine gewisse Vertrautheit schließen lässt, da sie im Gespräch wieder auf die „Sie-Form" zurückgreift.

Nach drei Monaten habe ich es geschafft, eine sehr berührende Beziehung zu Frau K. aufzubauen, die von gegenseitiger Wertschätzung geprägt ist. Sie hat alle Berührungsängste verloren, nimmt gerne meine Hände – „darf ich sie noch halten, ich möchte noch nicht loslassen" – befühlt diese ausgiebig, merkt sofort, wenn ein Ring fehlt, wenn meine Hände kalt sind oder sonst eine Veränderung eingetreten ist. Sie äußert häufig ihren Ärger über ihre körperliche Schwäche und dass ihr manchmal bestimmte Worte entfallen.

Paranoide Interpretationen ihrer Umgebung sind zeitweise vorhanden („ich kann da nichts liegen lassen, das verschwindet gleich wieder durch die Mauer").

Die Phasen extremer körperlicher Schwäche haben an Dauer und Intensität abgenommen.

Im Laufe der verbalen Phase gewinnt Frau K. sehr rasch Vertrauen zu mir. Sie beginnt über sichtlich traumatische Erlebnisse zu berichten. Aus ihrer Biografie, verfasst durch ihren Sohn, entnahm ich, dass über einen Zeitraum von vier Jahren keinerlei Wissen über ihre genauen Lebensumstände vorhanden ist. Angeblich leistete sie Kriegshilfsdienstleistungen irgendwo in Deutschland, sie selbst hat jedoch mit ihrer Familie nie darüber gesprochen. Sie berichtet mir wiederholt von Szenen, in denen Menschen zusammengetrieben werden, ein Gatter geschlossen wird, Menschen auf ein Podest gestellt werden und ein Strick geholt wird. Schuld- und Versündigungswahn werden deutlich, sie beteuert auch gleichzeitig, kein schlechter Mensch zu sein.

Nach solchen Äußerungen hat sie immer Sperrungen und massive Angst vor dem Einschlafen, denn dann „fangen die Tiraden wieder an". Sie hat sichtlich Angst vor Menschen aus ihrer Vergangenheit und betont immer wieder, für Fehler bestraft zu werden, die sie nicht näher erklärt. Solche Äußerungen verlangen ihr sichtlich viel Kraft ab – sie wirkt nachher sehr müde und erschöpft, aber ruhiger und entlastet.

Im Laufe meiner neunmonatigen Betreuungszeit treten die Angst erzeugenden Szenen weniger häufig auf. Frau K. hat zuerst gelernt zu lächeln, dann laut zu lachen, was ihr selbst sehr gefällt. Gemeinsames Lachen hat etwas ungemein Befreiendes für sie. Ihr Gesicht wirkt heute viel entspannter.

Sie bezeichnet mich gerne liebevoll als „Lachhendl" und fügt oft hinzu: „Na, heut führen wir uns wieder auf wie die Kinder!". Sie schätzt Interventionen und lässt sich auch auf ein Miteinander mit anderen HeimbewohnerInnen und dem Pflegepersonal ein. Sie hat auch eine neue Betrachtungsweise für ihren eigenen Körper entwickelt, indem sie ihre Kleidung befühlt und beurteilt. „Schau dir den Fetzen an, den's mir heut wieder angezogen haben", begrüßt sie mich eines Morgens und zupft unwillig an ihrem leichten Pullover herum. Seit Neuestem befühlt sie auch meine Kleidung, äußert ihre Meinung darüber und taxiert sie sichtlich. Fühlen und Befühlen sind zu einem wichtigen Bestandteil in ihrem Leben geworden.

Sie beobachtet heute ihre Umgebung mit Interesse und kommentiert einige Szenen mit ihrem trockenen Humor. Sie nimmt ihre MitbewohnerInnen intensiv wahr, sie hat sich ihrer Umgebung geöffnet und sichtlich mehr Frieden in sich gefunden.

Nach dem monatelangen „Miteinander" philosophiert sie sogar: „als Letztes werde ich dann das tun, was ich als Erstes getan habe ... nämlich nichts."

Eine langsame, zweimonatige Annäherung an eine nachfolgende PraktikantIn hat sich sehr positiv entwickelt. Frau K. nimmt die Änderung der Betreuungsperson zur Kenntnis. Durch gezielte psychosoziale Interventionen hat sich die Lebensqualität von Frau K. wesentlich verbessert. Mit Hilfe einer empathischen Betreuung hat sie eine Vertrauensperson gefunden, die ihr Erlittenes mitträgt und in all ihren Gefühlen mitschwingt. Sie selbst hat es einmal so formuliert: „In mir knistert es, mir fehlt wer, na, Sex brauch ich keinen mehr, ich mit meinen achtzig Jahren, aber jemanden zum Reden."

**Zusammenfassung der Interventionen**

- nonverbale Kommunikation
- nur da sein, schweigen, sitzen, beobachten

- viele kurze Besuche am Anfang (zwei- bis dreimal täglich für cirka fünf Minuten)
- Übergangsobjekte
- Rituale (Hinsetzen, Stofftier befühlen et cetera)
- Akzeptanz der Wünsche („heute nur kurz", „will nicht reden", et cetera)
- Berührung zulassen, wenn gewünscht
- zwei regelmäßige Besuchstage im weiteren Verlauf (je 50 Minuten)

## XXI.3 Psychosoziale Betreuung einer aggressiven, sehr fordernden Patientin

Wir dürfen Ihnen hier den vollständigen, leicht gekürzten Bericht der betreuenden PraktikantIn zur Verfügung stellen, die ihre Ausbildung zum klinischen und Gesundheitspsychologen bei uns absolvierte.

**Anamnese und Exploration**

Einleitung

Frau W. ist 81 Jahre alt. Nach einem postoperativen, deliranten Durchgangssyndrom mit massiv aggressivem Verhalten wurde sie im Maimonides-Zentrum aufgenommen. Bei der Aufnahme war sie ebenfalls massiv verbal aggressiv und ihre Gedanken kreisen um ihre multiplen Erkrankungen und Medikamente.

Nach einer ärztlichen Begutachtung mit anschließendem Assessment wurde mir der Fall übergeben. Meine damalige Zielsetzung war eine diagnostische Abklärung, die gemeinsame Erarbeitung von therapeutischen Zielen, Hilfe bei der Eingewöhnung und Stabilisierung ihrer Emotionalität.

Erstgespräch

Frau W. war auch mir gegenüber beim ersten Kontakt massiv verbal aggressiv. Eine unglaubliche Wut hatte sich bei ihr aufgestaut, die sie unkanalisiert ausagieren musste. Ich ließ ihr Zeit, all ihre Aggressionen aussprechen zu können, ohne mich persönlich attackiert zu fühlen. Mit der Zeit wurde ihre Stimme zunehmend leiser, ich konnte mich vorstellen und den Zweck meines Besuches erörtern. Wir vereinbarten ein weiteres Treffen. Sie war mir gegenüber sehr misstrauisch und erklärte, dass sie mit Psychologen und Therapeuten bislang nur schlechte Erfahrung gemacht hätte. Zu diesem Zeitpunkt war aufgrund ihrer starken Erregung keine Anamnese möglich.

In einem zweiten Gespräch konnten wir ein gemeinsames Ziel meiner Besuche erarbeiten und ein Setting von 2-mal pro Woche zu je 50 Minuten fixieren.

Sie erzählte mir, dass sie nach einer Operation an der Halsschlagader „narrisch" gewesen sei. Nun habe sie unglaubliche Angst ihren Verstand zu verlieren und fürchte sich, gegen ihren Willen nach Lainz transferiert zu werden. Sie bemerke bereits den geistigen Verfall und möchte daher ein Gedächtnistraining beginnen. Auf weitere Ziele wollte sie sich zu diesem Zeitpunkt nicht einlassen.

Anamnese

Frau W. wurde als Einzelkind in Wien geboren und wuchs sehr behütet auf. Sie ist römisch-katholisch und sehr gläubig.

Ihr Vater war Statiker, ihre Mutter ging verschiedenen Aushilfstätigkeiten nach. Beide sind bereits verstorben. Bis zum Einzug ins Heim wohnte sie im Haus ihrer Eltern.

Bereits in der Grundschulzeit besuchte sie Kurse für Malerei, was sie später auch bewog, ein Kunststudium anzustreben. Zusätzlich studierte sie Geschichte, legte aber niemals die Lehramtsprüfung ab. Als Lehrerin zeigte sie sich sehr engagiert und nahm an diversen Wettbewerben teil. Sie erzählte, dass sie durch ihr hohes berufliches Engagement keine Zeit finden konnte, um eine ernsthafte Beziehung zu einem Mann aufzubauen. Sie blieb unverheiratet und hat auch keine Kinder. Sie pflegte jedoch sehr innige Freundschaften zu ihren Arbeitskolleginnen.

In ihrer Freizeit reiste sie sehr viel, meist alleine, zeigte sich jedoch sehr kontaktfreudig. Die Ausflüge wurden für sie aber zunehmend beschwerlicher, da sie seit Jahrzehnten unter verschiedenen Erkrankungen leidet.

Sie hatte ein sehr gutes Verhältnis zu ihren Eltern. Jedoch macht sie sich große Vorwürfe, dass sie, bedingt durch ihren Beruf, nicht mehr Zeit mit ihnen verbringen konnte. Die Beziehung zu ihnen war allerdings stets getragen durch Schuldgefühle. Zum einen verehrt sie ihre Eltern sehr, zum anderen beschuldigt sie diese, ihr zu wenig Interesse an Literatur und Kultur vermittelt zu haben. Immer wieder gab es auch Auseinandersetzungen wegen ihrer Religiosität. Sie fühlt sich zudem verantwortlich am Tod ihrer Mutter und schuldig am einsamen Sterben ihres Vaters. Es tut sich immer wieder die Frage auf, ob sie damals schon an einer undiagnostizierten Depression litt. Sie schwankt in ihren Angaben diesbezüglich stark.

Sie hat außerhalb des Heimes eine enge Beziehung zu einer jahrelangen Bekannten. Sie hilft ihr auch bei der Regelung von Behördenwegen, kleineren Besorgungen und bespricht mit ihr die Finanzen. Ansonsten pflegt sie regelmäßigen telefonischen Kontakt zu einem ehemaligen Pfarrer. Eine wirklich eng vertraute Bezugsperson hat sie allerdings nicht.

In jungen Jahren ging sie eine Verlobung ein, lehnte aber eine Heirat ab, da sie den Mann nicht liebte. Ihre wahre große Liebe lernte sie bei einer ehrenamtlichen Tätigkeit kennen. Er lebte jedoch im Ausland und so trafen sie sich nur sporadisch. Ihre lose Liaison dauerte 1½ Jahre, aber sie hielten über Jahrzehnte Kontakt. Er wollte sie heiraten, doch ihr war dies zu schnell. Auch der Altersunterschied, er war zwanzig Jahre jünger, war für sie sehr belastend. Als sie sich dann endlich doch für eine Heirat entschieden, verließ er sie kurz vor dem Hochzeitstermin, weil er mit einer anderen Frau ein Kind erwartete.

Ihre Hobbys sind die Kunst, Lesen, Hörspiele, Politik, Sprachen, der katholische Glaube und bis vor einigen Jahren Reisen und ihr Garten.

Ihre negativen Life-Events waren der Tod ihrer Eltern, die nicht erfüllte Liebe, die lebensgefährliche Blockierung ihrer Carotis und der delirante Verwirrtheitszustand während eines Krankenhausaufenthaltes.

Aktuelle Krisen waren der ungewollte Einzug ins Heim und ein Oberschenkelhalsbruch.

Ihre Zukunftspläne schwanken sehr stark. In jedem Falle möchte sie noch viele Jahre leben, weil sie noch sehr viel zu erledigen hat. Konkretes kann sie mir jedoch nicht nennen.

Psychopathologischer Befund
Ihr äußeres Erscheinungsbild ist oftmals verwahrlost. Ihre Kleidung ist meist nicht sauber, da die Körperpflege sehr problematisch ist wegen ihres Analprolapses. Sie ist zudem auf Hilfe bei der Hygiene angewiesen, was schon öfters zu Auseinadersetzungen mit dem Pflegepersonal führte.

Ihre Gestik und Mimik sind sehr lebendig und sie kann sich mit Menschen sehr gut unterhalten, da sie immer Gesprächsstoff findet. Es fällt ihr aber schwer, den Kontakt zu anderen Menschen von sich aus herzustellen.

In der Untersuchungssituation verhielt sie sich sehr kooperativ. Sie wollte ein gutes Bild vermitteln und ein gutes Ergebnis erzielen. Dies ging so weit, dass sie sich bei jedem Fehler Vorwürfe machte und über ihren geistigen Abbau klagte. Ihre Sprache ist sehr deutlich. Sie spricht hochdeutsch, aber zweifelt an ihrer Rhetorik und Verständlichkeit.

Ihr Bewusstsein ist klar. Sie ist zeitlich, örtlich, situativ und zur Person orientiert. Sie ist stets sehr aufmerksam bei verminderter Konzentrationsfähigkeit. Sie besitzt eine gute Auffassungsgabe, ihr Arbeits- und Langzeitgedächtnis sind intakt, die Leistung ihres Kurzzeitgedächtnisses und ihre Merkfähigkeit sind leicht herabgesetzt.

Ihre Affektivität schwankt sehr. Sie ist allgemein sehr emotional und gut ansprechbar. Sie reagiert allerdings rasch mit Angst und zeitweise sehr gereizt. Sie wiederholte mehrmals, dass sie deprimiert sei, klagte anfangs sehr über ihre momentane Situation und äußerte mehrmals vehemente, kaum nachvollziehbare Schuldgefühle. Auch Insuffizienzgefühle traten anfangs immer wieder auf.

Ihr formales Denken ist geprägt durch eine umständliche Denkweise beim Lösen von Problemen. Ihr inhaltliches Denken weißt keine Wahninhalte auf. Auffallend ist aber ihre Tendenz Krankheitszeichen überzubewerten.

Bei Frau W. sind weder eine Ich-Störung, noch zirkadiane Merkmale oder eine dissoziative Störung erkennbar. Psychophysiologische Störungen liegen nicht vor.

Ihr Sozial- und Krankheitsverhalten ist geprägt von sozialem Rückzug bei Erkrankungen, obwohl sie sich aber nach Kontakten sehnt. Sie hat Krankheitseinsicht, schwankt aber zwischen dem Wunsch nach Behandlung und Ablehnung derselben.

Medizinische Diagnosen
- chronisch obstruktive Lungenerkrankung (COPD IV)
- Pulmonalembolie
- Basaliom an der rechten Augenbraue

- Analprolaps
- Osteoporose
- Hautdefekte
- Inkontinenz
- Katarakt-Operation

Ihre Intelligenz zeichnet sich durch ein ausgezeichnetes Allgemeinwissen mit einem hohen Detailreichtum aus. Sie ist sehr eloquent, spricht drei Sprachen und hat keine Verständnisprobleme.

**Diagnostische Abklärung**

Einleitung
Um eine Diagnose einer Demenz nach ICD-10 zu stellen, muss eine Abnahme des Gedächtnisses und des Denkvermögens mit beträchtlicher Beeinträchtigung der Aktivitäten des täglichen Lebens vorliegen. Der Schwerpunkt der Gedächtnisstörung muss bei der Merkfähigkeit und dem Kurzzeitgedächtnis liegen, das Bewusstsein muss klar sein und die beschriebenen Symptome müssen seit mindestens 6 Monaten bestehen.

Zur Abklärung ihrer kognitiven Leistungsfähigkeit unterzog sich Frau W. auf eigenen Wunsch einer mehrstündigen Anamnese, Exploration und Testung. Zur Untersuchung wurden vier Tests verwendet.

**SIDAM**

Das „Strukturierte Interview für die Diagnose einer Demenz vom Alzheimer Typ, vaskulären Demenz und Demenzen anderer Ätiologie" (Zaudig et al., 1989) ermöglicht die Erstellung einer Differentialdiagnose und eine Abklärung kognitiver Fertigkeiten. Er besteht aus 4 Tests:

- Leistungstest SISCO
In diesem Leistungstest werden Orientierung, Gedächtnis, intellektuelle Leistungsfähigkeit und höhere kortikale Funktionen gemessen. Es können maximal 55 Punkte erreicht werden, Werte von 0 bis 33 weisen auf eine Demenz hin. Hier erreichte Frau W. einen Wert von 48 (Cut-off-Wert beträgt 38) und ist daher als nicht dement einzustufen.

- Leistungstest MMSE
Beim „Mini Mental State Examination" wird die Orientierung, das Kurzzeitgedächtnis, die Konzentration und die Praxie überprüft. Frau W. erreichte einen Wert von 29 von möglichen 30. Je höher der Wert, desto besser ist die kognitive Leistungsfähigkeit. Bei Werten von 26 bis 30 liegt keine Demenz vor.

- Summenscore von Hachinski
Hiermit wird versucht, die Ätiologie der Demenz abzuklären. Werte von 0 bis 4 lassen auf eine Demenz vom Alzheimer-Typ schließen. Werte zwischen 7 und 18 auf eine Multiinfarktdemenz. Hier erreicht Frau W. einen Wert von 3 und fällt damit in die Kategorie Alzheimer-Demenz.

- Summenscore nach Rosen
Auch dieser Summenscore ermöglicht die Unterscheidung zwischen einer Demenz von Alzheimer-Typ (0 bis 2 Punkte) und einer Multiinfarktdemenz (4 bis 12 Punkte). Hier erreicht sie einen Wert von 1, was ebenfalls den Schluss auf eine Alzheimer-Demenz zulässt. Eine vaskuläre Demenz kann aufgrund der Ätiologie ausgeschlossen werden.

Zusammenfassung des Testergebnisses im SIDAM
Zusammenfassend ergibt die Testauswertung bei Frau W. eine Verschlechterung ihrer kognitiven Funktionen nach dem 65. Lebensjahr. Die Ergebnisse der Einzeltests ermöglichen aber nur einen Verdacht, keine eindeutige Demenzdiagnose. Die auftretenden Beschwerden deuten auf eine Demenz vom Alzheimer-Typ hin, aber mit einer bislang sehr leichten Ausprägung.

**ADAS**

Die „Alzheimer's Diseases Assessment Scale" (Rosen, 1993) setzte ich ein, um den Verdacht auf eine Demenz zu erhärten. Zudem ist dieses Verfahren sehr gut zur Verlaufskontrolle einsetzbar und dient der Evaluation des Gedächtnistrainings. Gezählt werden die falschen Antworten. Je höher die hierbei erreichte Punktezahl umso stärker sind die Symptomverschlechterungen. Alle Werte über 10 sprechen somit für das Vorhandensein einer kognitiven Beeinträchtigung.

- Ergebnisse des kognitiven Testteils

Der ADAS ergab eine Beeinträchtigung ihrer Gedächtnisleistung, da sie große Probleme bei den Aufgaben Freie Reproduktion (7 von 10) und Wortwidererkennung (9 von 12) hatte. Keine Beeinträchtigung gab es bei der Orientierung, dem Vorstellungsvermögen, der Reproduktion, der Wortfindungsfähigkeit, dem sprachlichen Ausdruck und dem Sprachverständnis.

- Ergebnisse des Interviewteils

Bei Frau W. treten immer wieder zitternde Hände auf, die sich auch stark beim Schreiben und Zeichnen bemerkbar machen. Sie berichtete im Interview, dass zeitweise eine leichte Verstimmung, Interesselosigkeit, Müdigkeit und Zukunftsangst, auftritt und sie beklagt sich immer wieder über das Essen. Umherlaufen, motorische Unruhe, Wahnvorstellungen und Halluzinationen waren zu keiner Zeit erkennbar. Ihr Gesamtscore im Interviewteil ergab 9 von 50 Punkten.

- Verhaltensbeobachtung während der Untersuchung

Frau W. war während der gesamten Untersuchung sehr kooperativ, da sie ein gutes Ergebnis erzielen wollte. Sie bemühte sich sehr konzentriert zu arbeiten, war aber sehr abgelenkt und begann immer wieder Gespräche über andere Themen während der Abklärung. Ihre sprachliche Ausdrucksfähigkeit war sehr gut und ihre Sprache war verständlich. Wortfindungsprobleme in der Spontansprache waren zum Testzeitpunkt nicht erkennbar.

- Zusammenfassung des Testergebnisses im ADAS

Zusammenfassend ist eine leichte Beeinträchtigung der Gedächtnisfunktion erkennbar. Da aber in den Bereichen Orientierung, Praxie, Sprache und Motorik keine oder zu geringe Auffälligkeiten zu beobachten waren, kann keine Demenzdiagnose gestellt werden. Die erhaltenen Ergebnisse werden weiterhin zur Verlaufsbeobachtung verwendet.

**GDS**

Da Frau W. bei der Vorgabe des ADAS angab, zeitweise depressive Gefühle zu haben, wollte ich dies mittels eines Depressionstests abklären, da sich eine Depression auf die kognitive Leistungsfähigkeit auswirkt. In der Krankenakte war auch ersichtlich, dass sie sechs Wochen nach ihrem Einzug für vier Wochen auf eigenen Wunsch ein Antidepressivum erhielt. Es wurde auch auf ihre Bitte hin wieder abgesetzt, wobei mich diese kurze Dauer der Einnahme sehr verwunderte.

Bei diesem Depressions-Screening können maximal 15 Punkte erreicht werden. 11 bis 15 Punkte weisen auf eine starke Depression hin, 0 bis 5 Punkte auf eine normale Stimmungslage.

Beim „Geriatric Depression Scale" (Yesavage, 1983) erreichte Frau W. einen Score von 8 Punkten, was auf eine leichte Depression deutet. Im Zuge des Verfahrens erzählte sie mir, dass sie schon seit Jahren unter einer negativen Stimmung leide, aber bislang nie behandelt wurde. Ihre Depression hätte auch Einfluss auf ihren Beruf gehabt, da sie sich oft kaum im Stande fühlte, ihre Aufgaben zu erledigen. Während der Durchführung war sie oft nah daran zu weinen, sie wollte aber den Test nicht abbrechen. Die Durchführung dauerte rund 30 Minuten, da sie währenddessen immer wieder Beispiele brachte zu den einzelnen gestellten Fragen. Die Klassifizierung zwischen „ja" und „nein" fiel ihr meist leicht.

**Barthel-Index**

Diese ADL-Skala (Mahoney & Barthel, 1965) misst die Fähigkeit, Aktivitäten des alltäglichen Lebens (ADLs) selbstständig durchzuführen, und wurde von den Pflegepersonen routinemäßig durchgeführt. Es können maximal 100 Punkte erreicht werden, wobei 0 Punkte für eine vollständige Abhängigkeit von den Pflegepersonen steht.
Hierbei erreichte Frau W. einen Wert von 55. Sie ist selbstständig in den Bereichen Essen, Waschen und beim Transfer zwischen Bett und Stuhl. Teilweise selbstständig ist sie beim Ankleiden, dem Toilettengang und dem Gehen. Vollkommen abhängig ist sie beim Baden, sie ist weder stuhl- noch harnkontinent und kann nicht mehr Treppensteigen.

**Zusammenfassung der Testergebnisse**

Insgesamt kann nur ein Demenzverdacht ausgesprochen werden. Es liegt wohl eine kognitive Beeinträchtigung vor, diese könnte aber auch durch ihre leichte Depression verursacht sein.

- Hinweise auf eine Demenz

Für eine Demenz spricht, dass der Beginn der kognitiven Einbussen schleichend verlief und diese bereits einige Monate andauern. Die Krankheitszeichen verschlechterten sich nicht rasch, hauptsächlich ist ihr Kurzzeitgedächtnis beeinträchtigt und sie versucht trotzdem, soziale Kontakte aufzubauen. Sie freut sich über ihre korrekte Lösung bei Gedächtnisaufgaben und antidepressive Medikamente verbesserten nicht ihre kognitiven Defizite.

- Hinweise auf eine Depression

Für eine Depression hingegen spricht, dass seelische Probleme schon in jungen Jahren begannen und kognitive Einbussen nicht überspielt werden, sondern als schmerzlicher Verlust erlebt werden. Sie sieht die Ursache für die Verminderung ihrer Leistungsfähigkeit bei sich, da sie sich nach der Pensionierung nicht geistig fortgebildet hatte. Sie fühlt sich anderen gegenüber unsicher und spricht Befürchtungen aus, dass sie sich falsch verhalten haben könnte. Sie hat keine nächtliche Unruhe mit Verwirrtheitszuständen, ihre Konzentration blieb während der letzten Monate weitgehend stabil und sie ist orientiert. Frau W. hat starke Versagensängste und massive Schuldgefühle und klagt über diverse körperliche Beschwerden, die aber medizinisch belegt sind (Faust, 1999).

Zum jetzigen Zeitpunkt kann ich daher keine Differentialdiagnose stellen bezüglich des Vorliegens einer Demenz oder einer Depression.

**Intervention**

Ich wende das multimodale Training nach Ermini-Fünfschilling (1992) an. Es enthält das Training kognitiver Fähigkeiten, Psychoedukation und soziale Unterstützung. Es umfasst Übungen zur zeitlichen und örtlichen Orientierung, Diskussionen aktueller Themen, Konzentrationsübungen, Entspannung, Gedächtnisübungen und Gespräche über Probleme und freudige Erlebnisse. Es ist eine Kombination von kognitiver Aktivierung und Psychotherapie.

- Gedächtnistraining und interne Gedächtnishilfen

Als langfristiges Betreuungsziel steht das gemeinsam vereinbarte Gedächtnistraining im Mittelpunkt der Betreuung von Frau W. Dies ist insofern sehr wichtig, um auch zugleich ihrer massiven Angst vor einem Gedächtnisverlust entgegenzuwirken. Sie besteht auf dieses Training und führt es auch mit großem Ehrgeiz und hoher Motivation durch. Es war auch sehr wichtig, eine Testung durchzuführen, um die Gedächtnisfähigkeit zu relativieren, denn sie unterschätzte ihre kognitiven Fähigkeiten stark. Die damit einhergehende Angst wurde dann tatsächlich hinderlich und senkte ihr Leistungsniveau. Eine genaue Psychoedukation zum Thema Altern und Demenz war hier sehr wichtig. Die Aufdeckung ihrer Ressourcen war grundlegend.

Bei jeder Übung erkläre ich ihr im Vorfeld, was ich mit den einzelnen Aufgaben trainieren will. Nach einer genauen Instruktion bearbeitet sie die Beispiele selbstständig. Ich fungiere dann ausschließlich zur Motivation, Fehlerkorrektur und gebe Hilfestellung, um Frustrationserlebnisse zu verhindern. Zusätzlich vermittle ich ihr, passend zu den jeweiligen Aufgabestellungen, interne Gedächtnishilfen und erkläre die Möglichkeiten und Grenzen des Gedächtnisses.

Auffällig ist, dass sie bislang auch sehr schwierige Übungen lösen konnte. Hilfestellungen sind jedoch immer wieder nötig, da sie entweder manchmal die Aufgabenstellung vergisst, sehr umständliche und schwierige Lösungswege einschlägt oder die Konzentration verliert, weil sie die Übung an ein Erlebnis erinnert, das sie mir sogleich berichten will. Ich verwende stets Papier-Bleistift-Übungen, da sie ein computergestütztes Trainingsprogramm, den RehaCom, ablehnt. Grund dafür ist, dass die genaue Rückmeldung ihrer Ergebnisse im Vergleich zum letzten Übungszeitpunkt im Falle einer Schwankung ihrer kognitiven Leistungsfähigkeit zu starker Frustration führte.

Bei den Gedächtnisübungen orientiere ich mich an:
- Gatterer, G. (2002). Geistig fit ins Alter: neue Gedächtnisübungen für ältere Menschen. Wien: Springer.
- Gatterer, G. (2004). Geistig fit ins Alter 2: neue Gedächtnisübungen. Wien: Springer.
- Kasten, E. (2000). Übungsbuch Hirnleistungstraining. Dortmund: Verlag modernes Lernen.

- Kasten, E. (1996). Lesen, merken und erinnern. Dortmund: Verlag modernes Lernen.
- Oppolzer, U. (1998). Hirntraining mit ganzheitlichem Ansatz. Grundlagen, Anregungen und Trainingsmaterial für Gruppenleiter und Dozenten. Dortmund: Borgmann Publishing.

Allerdings verwandelte ich auch ganz alltägliche Situationen in ein Gedächtnistraining. Beispielsweise brachte ich ihr Bücher zum Lesen und bat sie im Anschluss, diese zusammenzufassen. Wir gingen gemeinsam einkaufen und sie sollte berechnen, wieviel wir an der Kassa zu zahlen haben, et cetera. Ich achte immer darauf, alle kognitiven Bereiche zu trainieren, unter der Berücksichtigung eines ganzheitlichen Ansatzes. Entsprechend meiner Erfahrung und der Literatur folgend, führen zu einseitige Gedächtnisübungen einerseits sehr schnell zu Langeweile, andererseits werden andere kognitive Bereiche möglicherweise zu einem späteren Zeitpunkt schwächer und man sollte hier daher auch präventiv vorgehen.

Das Gedächtnistraining findet in cinem Einzelsetting statt. Wir haben vereinbart es zweimal wöchentlich in einem Zeitrahmen von 30 Minuten durchzuführen. Mir ist sehr wichtig, dass dieses auch zusammen mit körperlicher Bewegung durchgeführt wird, wie beispielsweise einem Spaziergang oder isometrischen Übungen.

- Einsetzten von externen Gedächtnishilfen und Strukturen

Um Lücken des Kurzzeitgedächtnisses zu überbrücken, versuchen wir zusammen Gedächtnishilfen einzuführen mit dem Ziel einer möglichst langen Aufrechterhaltung der noch vorhandenen Selbstständigkeit. Sehr bewährt haben sich die Führung eines Kalenders unter Einbeziehung aller anderen Pflegepersonen (Ergotherapie, Physiotherapie, Masseurin, Friseur, Ärzte). Zudem haben wir ein Tagebuch eingeführt, worin sie mit Stichworten wichtige Erlebnisse, aber auch Informationen und To-do-Listen einträgt. Wichtig hierbei sind farbliche Kennzeichnungen, um eine Übersicht zu bewahren und Struktur zu geben.

- Verhaltensänderung

Das Thema aggressives Verhalten war kein zusammen vereinbartes therapeutisches Ziel, sondern ergab sich zwangsläufig während unserer Treffen.

Frau W. attackierte mehrmals in meiner Gegenwart das Pflegepersonal. Ich versuchte dies mit ihr zu thematisieren, was sich als sehr schwierig erwies, da sie diesbezüglich massive Schuldgefühle hat. Sie hat Einsicht, dass ihre Reaktionen oft ungerechtfertigt vehement sind. Sie erzählte mir, dass diese Problematik schon lange besteht. Auch während ihres Berufes als Lehrerin verhielt sie sich oftmals ungerechtfertigt verbal aggressiv ihren Schülern gegenüber. Dieses verstärkte sich über die Jahre zunehmend und führte zu Anfechtungen ihrer Kompetenz als Lehrkraft durch ihre Kollegen. Sie erklärte ihr damaliges Verhalten damit, dass sie nichts über die verschiedenen Entwicklungsstufen und -problematiken der Jugendlichen wusste. Dies führte dann oftmals zu Fehlinterpretation des Verhaltens der Kinder und damit zu ihrer aggressiven Gegenwehr. In der Literatur wird diesbezüglich als sehr effektiv ein Rollenspiel empfohlen mit Übungen zur Verfestigung adäquater Verhaltensweisen. Dies führte ich bei Frau W. jedoch nicht durch, denn dieses Thema war so schmerzhaft für sie, dass sie anfangs sogar beinah zu weinen begann, als ich sie darauf ansprach. Sie begründete dies mit starken Schuldgefühlen. Daher tastete ich mich sehr vorsichtig an das Thema heran, besprach mit ihr, wie sich wohl das Gegenüber fühlen würde, immer dann, wenn so eine Situation stattfand. Zusammen erarbeiteten wir, wie und wo man seinen Belangen besser Gehör verschaffen könnte. Ich führte sowohl Gespräche mit Frau W., aber auch mit den Pflegepersonen. Mit letzteren besprach ich, wie sie in dieser Situation reagieren sollten, denn anfangs stiegen viele der MitarbeiterInnen in das aggressive Verhalten mit ein, indem sie sich persönlich angegriffen fühlten und mit Gegenwehr reagierten. Ich erklärte ihnen in welchen Situationen Frau W. dieses Verhalten zeigt, warum sie so reagiert und dass dahinter kein Angriff auf ihre Person stehe.

- Biografiearbeit

Sie ist ein wichtiger Bestandteil unserer Zusammentreffen. Gerade das hohe Lebensalter gibt einem die Chance, nochmals retrospektiv über sein Leben Bilanz zu ziehen, wodurch das Selbstvertrauen gestärkt werden kann. Sie ermöglicht durch Wiederbelebung alter Erinnerungen eine Stimulation des Gedächtnisses und wirkt sich positiv auf die affektive Qualität von Erinnerungen, Selbstwert und Problembewältigung aus.
Im Rahmen der Biografiearbeit ergaben sich Erinnerungen an wunder-

schöne, aber auch an problematische Erlebnisse. Dabei stelle ich entweder ganz allgemeine Fragen, oder es ergeben sich im Verlaufe des Gespräches Erinnerungen, die Frau W. gerne näher besprechen möchte. Ziel ist eine Auseinandersetzung mit ungelösten Konflikten in der Vergangenheit und mit der eigenen Endlichkeit im Alter.

- Entlastungsgespräche
Diese Intervention ist immer wieder notwendig. Oft ist sie so aufgebracht durch verschiedene Erlebnisse, dass sie einen empathischen Zuhörer braucht, um ihre Agitiertheit zu verringern. Hierbei höre ich einfach nur zu, frage gezielt nach oder wiederhole Gesagtes. Die Aufregung legt sich dann von alleine durch das Aussprechen ihrer Sorgen und das empathische Zuhören.

- Psychoedukation
Psychoedukation ist sehr wichtig, um ihre Ängste abzubauen. Hierbei erkläre ich ihr beispielsweise die Wirkung ihrer Medikamente und mögliche Nebenwirkungen, bespreche ihre kognitiven Ressourcen und Fördermöglichkeiten, informiere sie über das Erscheinungsbild einer Depression und Ähnliches.

Sehr wichtig war es auch, ihre kognitiven Leistungen zu relativieren. Hiefür erklärte ich ihr beispielsweise die Wichtigkeit des Vergessens, welche Inhalte man sich besonders gut merkt, dass man sich nur eine gewisse Anzahl an Inhalten einprägt und wie wichtig es ist, Gelerntes zu wiederholen.

- Aktivierung und Entspannung
Hierzu zähle ich die Motivierung zu Spaziergängen, den Besuch von Veranstaltungen und Ausstellungen und das Besprechen aktueller Tagesthemen. Des Weiteren konnte ich sie für einen Vortrag gewinnen, den sie zusammen mit einem anderen Heimbewohner halten wird.

- Validation
Die Grundhaltung dieser Methode schwebt bei meinem Umgang mit älteren Menschen immer mit. Diese empathische Kommunikationsmethode zielt auf eine Selbstwertsteigerung ab und die beinhaltende Technik

der sachlichen Fragestellung ist zudem sehr hilfreich in Situationen, in denen Frau W. emotional stark erregt ist.

**Evaluation**

Gedächtnistraining und interne Gedächtnishilfen
Ich führte die Evaluation des Gedächtnistrainings mit Hilfe einer zweimaligen Vorgabe des ADAS innerhalb von drei Monaten durch. Zudem konnte ich das Ergebnis der MMSE-Testung, die beim Einzug von Frau W. durchgeführt wurde, als Referenzwert verwenden.

Der Gesamtscore des kognitiven Teils des ADAS verbesserte sich von 16 auf 13 Fehlerpunkte im Bereich des Gedächtnisses und ihre Konzentration erhöhte sich von 3 auf 2 Punkte. Der MMSE-Score veränderte sich innerhalb von 6 Monaten von 26 auf 29 Punkte.

Ich konnte feststellen, dass bei beiden Tests keine Verschlechterung der kognitiven Leistungsfähigkeit festgestellt werden konnte. Es verbesserte sich sogar ihre Merkfähigkeit, da sie nun darauf achtet, sich in wichtigen Situationen nicht selbst durch diverse Erzählungen abzulenken. Auch ihre Wortfindungsproblematik veränderte sich. Nicht nur, dass ihr derzeit seltener die Worte fehlen, geht sie mit diesem Problem auch leichter um.

- Einsetzen von externen Gedächtnishilfen und Strukturen

In Gesprächen mit Frau W. und den Pflegern konnte ich erfahren, dass es ihr nun leichter fällt, Termine einzuhalten, und dass sie Informationen leichter erinnert. Dies kann ich durch eigene Beobachtungen bestätigen. Bei vereinbarten Terminen erwartet sie mich bereits und besprochene Themen kann sie zunehmend besser erinnern.

- Verhaltensänderung

Ich habe engen Kontakt zu den pflegenden MitarbeiterInnen und befrage sie immer wieder bezüglich des Kontaktes zu Frau W. Sie erzählten mir von einer starken Besserung des aggressiven Verhaltens. Eine objektivere Verhaltensbeobachtung mittels genauer Dokumentation der Häufigkeit des aggressiven Verhaltens wäre sehr wünschenswert gewesen, war aber aus strukturellen Gründen nicht möglich.

- Biografiearbeit

Diese Gespräche stellen für Frau W. eine große Entlastung dar, was sie auch immer wieder betont. Zum einen konnten beispielsweise die wunderschönen Erinnerungen an ihre große Liebe wiederbelebt werden, zum anderen hatte sie die Möglichkeit, ihre massiven Schuldgefühle im Rahmen ihrer Biografie zu relativieren. Als sehr angenehm empfindet sie, dass ich nicht Teil ihrer Vergangenheit bin. Sie hat daher einen Zuhörer, dem sie ihre subjektive Sicht erzählen kann, ohne eine Bewertung ihres Verhaltens erwarten zu müssen.

- Entlastungsgespräche und Validation

Für diese Intervention erhält man sofort eine Rückmeldung noch während des Gespräches, nämlich dann, wenn die Stimme von Frau W. wieder ruhiger wird, sich ihr Muskeltonus von einer An- zu einer Entspannung verändert, ihre Atmung und Bewegungen langsamer werden und der Augenkontakt wieder zunimmt.

- Psychoedukation

Durch eine genaue, sachliche Aufklärung zum Thema Demenz verringert sich ihre Angst vor einem Gedächtnisverlust im Laufe der Gespräche. Man hätte hier auch einen Angstfragebogen einsetzen können, nur wäre dies zu belastend für Frau W. geworden und hätte auch den therapeutischen Prozess massiv gestört.

- Aktivierung und Entspannung

Vor allem die sozialen Kontakte haben sich sehr positiv auf Frau W. ausgewirkt. Seit sie in den Speisesaal essen geht, zieht sie sich jeden Tag um und frisiert sich. Wenn sie einen Heimbewohner trifft, schminkt sie sich sogar, und sie genießt die gesellschaftlichen Unternehmungen im Heim sichtlich. Innerhalb der letzten Monate nahm die Zeit, die sie sich außerhalb des Zimmers aufhält, stark zu, seit kurzem verlässt sie selbiges auch ohne Begleitung.

- Prozessverlauf der Betreuung

Frau W. hat sich stark verändert. Als ich sie kennen lernte, war sie allen Menschen gegenüber verbal aggressiv, die ihr Zimmer betraten. Sie wollte dieses nicht verlassen und ihre Gedanken kreisten um Erkrankungen, Medikamente und Behandlungen. Mit der Zeit gelang es mir, eine Vertrauensbasis herzustellen. Immer wieder waren auch vermittelnde Gespräche zwischen ihr und den MitarbeiterInnen des Hauses notwendig. Sehr wichtig bei unseren Kontakten sind die intensiven Gespräche und die Gedächtnistrainings.

Mit Frühlingsbeginn überschlugen sich die positiven Veränderungen bei Frau W. Sie wollte wieder Kontakt zu alten Freunden aufnehmen, wollte spazieren gehen, knüpfte Bekanntschaften im Haus, aß im Speisesaal und war insgesamt sehr ausgeglichen und unglaublich zufrieden.

Aber dann stürzte sie leider und brach sich den Oberschenkelhals. Diese Zeit war sehr belastend und machte eine intensivere Betreuung notwendig. Sie reagierte mit massiven Ängsten und Beschuldigungen. Als neues Ziel nach dem Sturz konnten wir das Studium verschiedenster Literatur finden, das wir auch als Gedächtnistraining nutzten. Dadurch konnte sie in ihrer Phantasie Dinge erleben, die ihr zu dieser Zeit real nicht möglich waren und der Fokus wurde zudem von der Erkrankung weggerückt.

Mittlerweile kann sie wieder mit dem Rollator gehen, seit kurzem auch ohne Begleitung. Wir machen zusammen isometrische Übungen nach Anleitung durch die Physiotherapeuten, um ihre Ängste, nicht mehr gehen zu können, abzubauen. Es ergab sich eine innige Freundschaft zu einem Heimbewohner, mit dem sie zusammen auch einen Vortrag im Heim halten wird. Auch begann sie wieder im Speisesaal zu Mittag zu essen.

Frau W. hat sich mittlerweile sehr gut eingelebt und schätzt unsere regelmäßigen Treffen sehr. Sie konnte soziale Kontakte innerhalb des Hauses aufbauen und hat nun wieder neue Ziele.

**Diskussion**

Alternative Testverfahren
Laut dem Zentrum für psychologische Information und Dokumentation (ZPID) gibt es im geriatrischen Bereich zurzeit über 60 Testverfahren. Leider kann ich in dieser Arbeit nur auf einige wenige eingehen. Mein Ziel bei der Testauswahl war, mit möglichst wenig Verfahren viel relevante Information zu erhalten.

- ADAS

Die „Alzheimer Diseases Assessment Scale" wählte ich aus, da sie nicht nur eine Demenz diagnostiziert, sondern auch zur Verlaufskontrolle geeignet ist und eine Schweregradeinschätzung zulässt. Leider gibt sie keine ausgearbeiteten Fragen im Interviewteil vor, so dass mir beispielsweise Fragen zum Thema, ob Halluzinationen oder Wahnvorstellungen vorliegen, eher schwer fielen. Gut gefielen mir aber der Verhaltensbeobachtungsteil sowie die einfache Auswertung. Die Durchführungsdauer von 45 Minuten könnte allerdings für einige Patienten zu anstrengend sein.

- SIDAM

Das „Strukturierte Interview für die Diagnose einer Demenz vom Alzheimer-Typ, vaskulären Demenz und Demenzen anderer Ätiologie" setzte ich ein, um eine Differentialdiagnose der verschiedenen Demenzformen treffen zu können, um daraus auf einen zukünftigen Verlauf der Demenz schließen zu können. Seinen großen Vorteil sehe ich darin, dass es auch eine medizinische Diagnose beinhaltet, Persönlichkeitsveränderungen erfasst, eine Einschätzung der Alltagsbeeinträchtigungen ermöglicht und somit ein sehr globales Bild der Person liefert. Kritisch erwähnen muss ich allerdings die sehr komplizierte Auswertung.

- CAMDEX

Eine Alternative zur Messung des kognitiven Leistungsniveaus wäre die „Cambridge Examination for Mental Disorders of the Elderly" (Roth et al., 1994) gewesen. Der große Nachteil an diesem Verfahren ist aber, dass es zwar in einer deutschen Fassung vorliegt, aber ohne dazugehörige Validierung und aufgrund seiner Ausführlichkeit in der Praxis nicht sehr praktikabel ist.

- CERAD

Das „Consortium to Establish a Registry for Alzheimer's Disease" (Morris et al., 1989) würde alle Anforderungen an einen Demenztest erfüllen. Im Vergleich zum ADAS müssten aber die Verhaltensauffälligkeiten mit anderen Skalen erhoben werden. Zudem ist auch eine Verlaufsmessung mit ihm nicht möglich, da bei geringer Leistung sehr schnell Bodeneffekte erreicht werden und somit keine Differenzierung im unteren Leistungsbereich möglich ist.

- NAI

Das „Nürnberger Altersinventar" (Oswald & Fleischmann, 1995) war mir leider nicht zugänglich, denn ich hätte es sehr gerne vorgegeben. Es ist das zurzeit umfangreichste deutschsprachige psychometrische Testinventar für ältere Menschen. Der große Vorteil des Verfahrens ist, dass es verschiedene Datenebenen und -quellen berücksichtigt. Es erfasst neben der kognitiven Leistungsfähigkeit auch das Verhalten, die Befindlichkeit und das Selbstbild.

- LPS 50+

Alternativ hierzu wäre das „Leistungsprüfsystem für 50–90jährige" (Sturm et al., 1993) anzuführen. Es bietet eine sehr genaue Erfassung der intellektuellen Leistungsfähigkeit mit sehr guten Gütekriterien. Nachteilig wirkt sich aber die lange Bearbeitungszeit aus. Selbst in der Kurzfassung beansprucht dieses Verfahren 90 Minuten. Hier ist eine Kosten-Nutzen-Abwägung sinnvoll.

- Inventar zur Gedächtnisdiagnostik

Das „Inventar zur Gedächtnisdiagnostik" (G. Baller, M. Brand, E. Kalbe & J. Kessler) soll in Kürze erscheinen. Es hat seinen Schwerpunkt beim Arbeitsgedächtnis. Vor der Durchführung erfolgt ein Screening, um eine Überforderung zu vermeiden. Es werden das Langzeit- und Kurzzeitgedächtnis sowie das semantische und autobiografische Gedächtnis erfasst. Es wird für Altersgruppen von 18 bis über 70 Jahren normiert werden und wird knapp eine Stunde dauern.

- MWT-B

Den „Mehrfachwahl-Wortschatz-Intelligenztest" (Lehrl, 1989) habe ich nicht eingesetzt, da er nur eine zusätzliche Aussage über das prämorbide Leistungsniveau ermöglicht. Er überprüft nur die altersunabhängige kristalline Intelligenz mittels Wortlisten und ermittelt somit die verbale Intelligenz. Allerdings ist eine Abschätzung dieser Leistung auch aufgrund des Vorwissens über Schulbildung und Berufslaufbahn möglich.

- MMSE
Zu den Screenings für Demenz zählt die „Mini Mental State Examination" (Folstein et al., 1975). Er ist das wohl berühmteste und mit Sicherheit am häufigsten diskutierte Verfahren im geriatrischen Bereich. Ich habe es vorgegeben, da es ein Teil des SIDAM ist und weil es im Heim routinemäßig zusammen mit dem Uhrentest beim Einzug einer HeimbewohnerIn durch einen Psychiater vorgegeben wird. Somit konnte ich den Verlauf der diskussionswürdigen Testergebnisse verfolgen und hatte einen Vergleichswert mit einem anderen Testleiter. Ich allerdings möchte mich an sich von diesem Screening distanzieren, denn so schnell seine Durchführung ist, so unpräzise sind auch seine Ergebnisse.

- DemTect
Der DemTect (Kalbe et al., 2002) stellt ebenfalls eine gute Ergänzung beziehungsweise Alternative zum MMSE dar. Er gilt aber auch nur als Screening. Laut einer Untersuchung kann er sogar besser eine Demenz diagnostizieren als die MMSE (Perneczky, 2004).

- SKT
Ebenfalls vergleichbar ist der „Syndrom-Kurztest" (Erzigkeit, 2001). Er erfasst Gedächtnis, Aufmerksamkeit und die kognitive Leistungsgeschwindigkeit. Positiv hervorzuheben ist, dass er mit seinem bunten Material sehr ansprechend ist.

- TFDD
Der „Test zur Früherkennung von Demenzen mit Depressionsabgrenzung" (Ihl & Grass-Kapanke, 2000) ist einer MMSE sehr ähnlich. Zudem erhebt er den Anspruch, auch eine Differentialdiagnose zwischen Depression und Demenz zu ermöglichen. Diesem stehe ich skeptisch gegenüber, da er nur in einer Selbst- und Fremdbeurteilung auf einer 10-stelligen Skala zwischen „ausgeglichen" und „schwer depressiv" unterscheiden lässt. Für mich ist nicht nachvollziehbar, dass dies ausreicht, um eine solche Differenzdiagnose zu ermöglichen.

- ZVT
Als zusätzliche Ergänzung könnte man den „Zahlen-Verbindungs-Test"

(Oswald & Roth, 1987) einsetzen. Der Patient muss hierbei Zahlen von 1 bis 30 so schnell wie möglich verbinden. Er ermöglicht Rückschlüsse auf die Aufmerksamkeit und ist kein Demenzscreening, liefert aber Zusatzinformationen.

- AKT

Damit vergleichbar ist der „Alters-Konzentrations-Test" (Gatterer, 1990). Er misst ebenfalls Konzentration und auch die Vigilanz. Er ist speziell auf die Belastungsfähigkeit älterer Menschen ausgerichtet, für einige Klienten ist er allerdings zu leicht.

- Uhrentest

Der Uhrentest (Shulman, 1986) sollte immer zusätzlich zur MMSE vorgegeben werden. Er erfasst die visuell-räumliche Organisation und das abstrakte Denken. Ich fand, dass die Auswertung nicht immer ganz objektiv ist. Meist erfolgt eine Interpretation aufgrund der Shulman-Kriterien.

- GDS

Die „Geriatrische Depressions-Skala" setzte ich aufgrund der Resultate des ADAS ein. Sie ist mit ihren 15 Screeningfragen sehr schnell und einfach einsetzbar und eignet sich sehr gut, um in das Thema Depression einzusteigen. Für eine Diagnosestellung ist sie allerdings zu ungenau.

- HAMD

Als Alternative wäre die „Hamilton Depressions-Skala" (Hamilton, 1960) in Frage gekommen. Ich verwendete diese aber nicht, da es sich hierbei um eine Fremdbeurteilungsskala handelt. Aufgrund der guten kognitiven Verfassung von Frau W. wählte ich die GDS, um das Thema Depression aktiv mit ihr zu besprechen. Somit hatten wir die Möglichkeit, über ihre diesbezüglichen Ängste und Vorstellungen zu sprechen, und es bot sich auch der Raum, ihr das Erscheinungsbild einer Depression zu erklären.

- BEHAVE-AD

Die „Skala zur Beurteilung von Verhaltenspathologien bei der Alzheimer-Demenz" (Reisberg et al., 1987) stellt eine sehr ausführliche Fremdbeurteilung der Verhaltensauffälligkeiten dementer Personen dar. Ich habe diese Skala nicht eingesetzt, da diese Fragen in komprimierter Form auch im ADAS enthalten sind.

- NPI

Das „Neuropsychiatrische Inventar" (Cummings et al., 1994) erfasst ebenso wie die BEHAVE-AD Verhaltensstörungen. Im Vergleich zum oben erwähnten Verfahren ist dieser Test bei jeder Art von Demenz einsetzbar und ermöglicht zudem noch eine Abstufung nach Schwere, Häufigkeit und Belastung der Angehörigen. Ein weiterer Vorteil ist, dass die zu stellenden Fragen bereits ausformuliert sind und Sprungregeln impliziert wurden.

Es gäbe noch eine ganze Reihe an Verfahren, die zusätzlich eingesetzt werden könnten und hier erwähnt werden sollten, doch dies würde den Rahmen des Artikels sprengen.

**Differentialdiagnosen**

Bei Frau W. ist ein Ausschluss von anderen Diagnosen noch relativ schwer, da sich der Abbau der geistigen Leistungsfähigkeit derzeit noch in einem sehr frühen Stadium befindet. Zudem Verwirrung stiftend ist ihre Angabe von depressiven Gefühlen, die sie ihr ganzes Leben begleiteten. Im Kontakt konnte ich jedoch niemals aufgrund ihres Verhaltens depressive Muster, maximal Indizien, wahrnehmen. Auch ihre aggressiven Durchbrüche, unter denen sie nach eigenen Berichten schon seit Jahren leidet, erschweren eine eindeutige Diagnose.

- Altersbezogener kognitiver Abbau

Ein altersbedingter kognitiver Abbau ist nicht zu unterscheiden von einer leichten Alzheimer-Demenz. Man benötigt hierzu medizinische und psychometrische Verlaufsuntersuchungen. Ein CT und MRT bei Frau W. blieb bislang ohne Befund.

Das hierbei am häufigsten verwendete Screening, die MMSE, ist zu undifferenziert und verwendet eine zu einfache Sprache, um hier differentialdiagnostische Aussagen treffen zu können. Zudem ist sie zu abhängig von Alter, Bildungsstand und kulturellem Hintergrund. Bis zu einem Punktewert von 24 ist daher keine konkrete Aussage möglich.

Der ADAS und der SIDAM können hier zwar genauer differenzieren, da sie diese konfundierenden Variablen berücksichtigen (Ehrhardt & Plattner, 1999), aber im Falle von Frau W. konnte dennoch keine endgültige Diagnose getroffen werden.

Im Gegensatz zu einer Alzheimer-Demenz sind beim normalen Alterungsprozess die verbale Kommunikationsleistung, Orientierung, visuokonstruktive Leistungen und das Langzeitgedächtnis kaum beeinträchtigt. Hier ist Frau W. nur dahin gehend auffällig, als dass sie im Verlauf der Betreuung zeitweise Probleme bei der Wortfindung aufwies.

- Leichte kognitive Störung

Eine MCI (Mild Cognitive Impairment) kann ausgeschlossen werden, da die kognitiven Leistungen und die Aktivitäten des täglichen Lebens tatsächlich beeinträchtigt sind (Petersen, 1999).

- Vaskuläre Demenz

Gegen diese spricht der sehr schleichende Verlauf ohne plötzlichen Beginn der Gedächtnisverschlechterung. Vaskuläre Risikofaktoren liegen insoweit vor, als dass sie unter einer Thrombenarteriektomie leidet, allerdings hat sie stets eine Hypotonie. Auch neurologische Herdzeichen wurden bei den medizinischen Untersuchungen (CT und MRT) nicht festgestellt.

Zu berücksichtigen ist, dass bei 15 bis 30 Prozent aller gesicherten Alzheimer-Diagnosen zusätzlich vaskuläre Läsionen vorhanden sind. Häufig ist die Kombination von vaskulärer und Alzheimer-Demenz (Mischtyp-Demenz) (Dal-Bianco, 2004).

- Lewy-Body-Demenz

Diese kann ausgeschlossen werden, da zu keiner Zeit optische Halluzinationen vorhanden waren (McKeith, 1996).

- Frontotemporale Demenz

Gegen diese Demenzform spricht, dass bei Frau W. keine Persönlichkeitsveränderungen durch frontale Enthemmung erkennbar sind. Überdies liegt eine Störung der Motivation nicht vor und die Fähigkeit zur sozialen Interaktion ist durchaus gegeben. Frau W. besitzt zudem Krankheitseinsicht (Dal-Bianco, 2004).

- Pick'sche Krankheit
Gegen diese Erkrankungsform sprechen der langsame Verlauf bei fehlenden Persönlichkeitsveränderungen und dass der Beginn der Erkrankung nach dem 65. Lebensjahr liegt. Auch ihre sozialen Fähigkeiten sind vorhanden (ICD 10).

- Creutzfeldt-Jakob-Erkrankung
Diese Demenzform kann noch nicht ausgeschlossen werden, ist aber aufgrund der Auftrittshäufigkeit eher unwahrscheinlich (Rux, 2004).

- Fokales Neurologisches Syndrom
Dazu zählen das amnestische Syndrom, eine globale Aphasie oder das Gerstmann-Syndrom. Sie können nur durch den Nachweis fokaler Veränderungen im cranialen CT oder MRT bestätigt werden. Auffällig hierbei sind eine kurze Krankheitsdauer und schwere Gedächtnisstörung oder gänzlicher Sprachverlust. Dies ist bei Frau W. nicht erkennbar (Dal-Bianco, 2004).

- Sekundäre Demenzen
Hier entsteht das klinische Bild einer Demenz, ausgelöst durch Alkoholerkrankungen und Risikofaktoren wie Hypertonie, Diabetes, Hyperlipidämie, extrazerebrale Gefäßerkrankungen, kardiale Erkrankungen, endokrine Dekompensation, durch Medikamente oder Suchtmittel verursachte Störungen sowie Schädel-Hirn-Trauma. Durch die genaue Anamneseerhebung und ein Aktenstudium kann ich dies ausschließen (Dal-Bianco, 2004).

- Delir
Ein Delir besteht derzeit nicht, da keine Bewusstseinstrübung vorliegt. Zudem entstanden die Veränderungen des Gedächtnisses sehr schleichend. Ein Delir im Rahmen einer Demenzerkrankung liegt auch nicht vor, da die Einbussen zu marginal sind. Auch die charakteristischen Symptome wie Halluzinationen, Wahnideen und motorische Unruhe sind nicht vorhanden (Luksch, 2004).

- Depression und depressive Pseudodemenz
Eine Pseudodemenz ist gekennzeichnet durch eine kognitive Beeinträchtigung infolge einer nicht organischen, psychischen Störung. Eine Depres-

sion wirkt sich direkt negativ auf die Aufmerksamkeit und Konzentration aus. Die Differenzialdiagnose ist umso schwieriger, je älter der Patient und je milder die kognitive Störung ist. Klinisch entscheidend ist der Nachweis einer behandlungsbedürftigen, depressiven Symptomatik (Dal-Bianco, 2004). Eine Depression kann ich, wie oben erwähnt, derzeit nicht feststellen.

- FXTAS

Das „fragile x-associated tremor/ataxia syndrom" ist Alzheimer, Parkinson und der senilen Demenz sehr ähnlich. Diese neurodegenerative Krankheit betrifft Menschen mit einer Prämutation des fragilen X-Syndroms. Erste Untersuchungen von Gewebeproben von FXTAS-Patienten zeigten Ansammlungen von anormalem, zellulärem Material in Zellkernen der Hirnrinde und des Gehirnstammes. Man geht davon aus, dass von der neuen Erkrankung einer von 3.000 Menschen betroffen sein könnte und dass FXTAS eine der häufigsten Ursachen für Zittern und Gleichgewichtsstörungen bei Erwachsenen ist. Zu den ersten Symptomen gehören Schwierigkeiten beim Schreiben, beim Einschenken von Wasser, beim Gehen, Verluste beim Kurzzeitgedächtnis und Ängstlichkeit (JAMA, 2004). Eine Differentialdiagnose kann ohne molekulargenetische Abklärung allerdings nicht getroffen werden.

### Alternative Interventionsmöglichkeiten

Einleitung
Grundsätzlich werden als therapeutische Interventionsmöglichkeiten bei Demenzen neben der medikamentösen Therapie auch psychotherapeutische und soziotherapeutische Strategien angewendet. Entsprechend der Akuität des Krankheitsbildes, der Compliance des Patienten und seiner Angehörigen kommen einzel-, gruppen- und milieutherapeutische Maßnahmen aus dem Spektrum der stützenden Gesprächstherapie, der kognitiven Verhaltenstherapie, des Gedächtnis- und Orientierungstrainings, der Validation, der Ergo-, Physio-, Musik- und Tiertherapie, der edukativen Familientherapie und Ähnliches zum Einsatz. In späten Stadien der Erkrankung sind sensorisch wirksame Pflegemaßnahmen von besonderer Bedeutung. Kontinuität der Betreuungsmaßnahmen und eine begleitende

Unterstützung der Angehörigen helfen, die Sicherheit und die Lebensqualität von Betroffenen und ihrem sozialen Umfeld zu unterstützen (Kalousek, 2004).

- Medikamentöse Therapie

Zu unterscheiden sind Psychopharmaka gegen kognitive Beeinträchtigungen einerseits und Verhaltensprobleme andererseits. Auf den medikamentösen Therapieansatz möchte ich jedoch nicht näher eingehen. Frau W. bekommt zur Stärkung ihrer kognitiven Leistungen Axura, Nootropil und Modafinil. Momentan sehr populär ist die Gabe von Axura (Memantin) in der Kombination mit einem Nootropika, da diese beiden Medikamente sich gegenseitig in ihrer Wirkungsweise unterstützen.

- Neuropsychologische Intervention

Vorrangiges Ziel bei dieser Intervention ist es, abgebaute Fähigkeiten wieder aufzubauen und zu unterstützen. Prä-post-Untersuchungen ergaben aber, dass das Training isolierter Fertigkeiten keine Generalisierung der eingeübten Techniken auf den Alltag ermöglicht. Die Übungen müssen daher sehr alltagsnah sein und auf noch vorhandene Ressourcen aufbauen. Diese Intervention kann auch mittels Computer durchgeführt werden, allerdings findet dieser nicht bei allen älteren Menschen Akzeptanz. Im Gegensatz dazu ermöglichen mnemonische Techniken eine Kompensation durch internale und externale Gedächtnishilfen (Ehrhardt & Plattner, 1999).

- Internale Gedächtnishilfen

Diese Methoden sollen helfen, neues Wissen abzuspeichern. Wichtig hierbei ist, dass die Information in sinnvolle Einheiten geteilt und nach logischen, chronologischen oder hierarchischen Gesichtspunkten angeordnet wird. Zu den internalen Gedächtnishilfen zählen beispielsweise die „Spaced-retrieval-Technik", die „Methode der Orte" und die „Visual-imagery-Methode".
- Die „Spaced-retrieval-Technik" baut darauf auf, dass beim Einüben der Information diese in Teilschritte aufgegliedert wird. Sie verwendet Techniken wie Priming und klassische Konditionierung. Allerdings gibt es zu dieser Methode noch keine Evaluationsstudien.

- Bei der „Methode der Orte" nützt man die Fähigkeit, dass man sich an vertraute Gegebenheiten besonders gut erinnert. Diese werden als Hinweisreize, um Information ins Gedächtnis zurückzurufen, verwendet. Schon bei leichter Demenz ist diese Methode nicht mehr effektiv (Hill, 1989). Da diese Technik sehr alltagsfern ist, habe ich sie nicht angewendet.
- Bei der „Visual-imagery-Methode" wird das noch intakte nonverbale Gedächtnis als alternative Strategie zur Kompensation von verbalen Defiziten eingesetzt. In Evaluationsstudien konnte deren Effektivität nachgewiesen werden. Diese Methode ist aufgrund des guten kognitiven Zustandes von Frau W. noch nicht notwendig.

- Externale Gedächtnishilfen

Als externale Strategie gilt der Umgang mit Gedächtnishilfen. Diese Methode wende ich bei Frau W. erfolgreich an. Dazu zählen beispielsweise Hilfen wie Einkaufslisten, Notizblöcke und Kalender. Sie sollen den Abruf bereits gespeicherter Information erleichtern.

- Kognitive Aktivierung

Die kognitive Aktivierung stellt ein sehr alltagsnahes Verfahren dar. Sie setzt auf die Kombination aus Konzentration, Erinnerung und Kommunikation. Dazu zählen beispielsweise das „Realitäts-Orientierungs-Training", „Validation", die „Selbst-Erhaltungs-Therapie" und das „Konzept sozialer Unterstützung".

- Das „Realitäts-Orientierungs-Training" (Weitzel-Polzer, 1987) soll besonders für stark verwirrte Personen geeignet sein. Es dient zur Verbesserung von Orientierung, Gedächtnis und Verhaltensstörungen. Das ROT baut auf Kommunikation und die Gabe von Orientierungshilfen durch das Pflegepersonal auf. Die Wirkung hält allerdings nicht sehr lange an und verbessert vor allem die verbale Orientierung und die Wortflüssigkeit. Die permanente Konfrontation mit der Realität ist für viele Demente eher belastend. Bei dieser Methode gefällt mir nur der Ansatz, dass die Architektur im Haus als Gedächtnishilfe zur besseren Orientierung genützt wird. Bei Frau W. ist diese Intervention zudem noch nicht notwendig, da sie noch vollständig orientiert ist. Zudem müsste bei dieser Methode das gesamte Pflegeheim miteinbezogen werden und dies ist nicht möglich.

- Das Gegenteil dazu ist die „Validation" nach Naomi Feil (1992). Diese Methode wende ich stets im Kontakt mit älteren Menschen an.
- Das Ziel der „Selbst-Erhaltungs-Therapie" (Romero & Eder, 1992) ist die Erhaltung der personalen Identität durch die Herstellung von Kontinuität und der Vergegenwärtigung von Vergangenem. Hierzu liegen aber keine Evaluationsstudien vor.
- Das „Konzept sozialer Unterstützung" von Yale (1995) wird in der Gruppe durchgeführt. Ihre Ziele sind eine Verminderung der sozialen Isolation, Ermöglichung von Trauerarbeit und ein Austausch von Informationen sowie eine Reduktion von Belastung. Diese Therapie ist nur im Frühstadium der Demenz einsetzbar und ihre Effekte sind zweifelhaft. Sie wäre auch aufgrund der mangelnden Infrastruktur im Heim nicht möglich.

**Zusammenfassung und Ausblick**

Obwohl ich verschiedene psychologische Testverfahren angewendet habe, konnte ich dennoch keine eindeutige Diagnose im Falle von Frau W. stellen. Die verschiedenen Krankheitsbilder von Depression, Gedächtniseinbussen und multiplen körperlichen Erkrankungen und Medikamentenwirkungen verwischen die klaren Diagnosekriterien. Gerade aber die verschiedenen Diagnosen würden ein unterschiedliches Behandlungsvorgehen verlangen. Gesamt gesehen gehe ich aber dennoch, aufgrund der genauen Anamnese und der Testergebnisse, davon aus, dass die Gedächtniseinbußen von einer Depression überlagert sind. Erhärtet wird diese Annahme dadurch, dass der kontinuierliche Aktivitätenaufbau und soziale Kontakte zu einer Verbesserung ihres allgemeinen psychischen, aber auch kognitiven Zustandes führten. Zudem muss auch bedacht werden, dass dies nur eine vorläufige Diagnose sein kann, denn eine Veränderung des Erscheinungsbildes von Frau W. ist bedingt durch ihr Alter sehr wahrscheinlich. Eine kontinuierliche Überprüfung ihrer psychischen und kognitiven Funktionen ist daher notwendig.

Im Falle von Frau W. wird auch deutlich, dass sehr wohl noch starke Verbesserungen im Leistungsniveau älterer Menschen erreicht werden können. Diese positiven Veränderungen waren aber nur möglich, weil ein multiprofessionelles Team die medizinische, psychische, physische und kognitive Betreuung übernahm.

In Zukunft wird es aber immer wichtiger sein, präventiv, in multiprofessioneller Zusammenarbeit, für die Erhaltung der Selbstständigkeit und Lebensqualität älterer Menschen vorzugehen. Das Ziel muss sein, dass Personen wie Frau W. eine Alternative zu einem Pflegeheim geboten wird. Zusätzlich müssen auch pflegende Angehörige unterstützt und informiert werden. Besonders wichtig wäre aber auch vermehrte Öffentlichkeitsarbeit, um die Bevölkerung für das Thema Alter, Depression und Demenz zu sensibilisieren.

**Autorin:**
**Mag. Elisabeth Poisinger**
Klinische und Gesundheitspsychologin
mit dem Schwerpunkt der psychologischen Diagnostik, Behandlung und Beratung älterer Menschen und deren Angehöriger in freier Praxis.
www.poisinger.com
elisabeth@poisinger.com

### XXI.4 Auswertung der Fallbeispiele hinsichtlich des Praktikumsmodells

Im Praktikum sind PraktikantInnen unterschiedlicher Ausbildungseinrichtungen tätig. Dadurch ist es möglich, sehr genau auf die jeweiligen Bedürfnisse und Anforderungen der HeimbewohnerInnen einzugehen und diesen eine differenzierte Betreuung anzubieten.

Dabei berücksichtigen wir auch Alterskriterien. So kann eine jüngere oder ältere PraktikantIn manchmal den Zugang zu einer HeimbewohnerIn erleichtern.

Die heterogene Zusammensetzung des PraktikantInnenteams – in einem Team von etwa sechzehn PraktikantInnen sind durchschnittlich fünf Männer und elf Frauen – ermöglicht auch bezüglich der Geschlechter eine genaue Auswahl, die oftmals unterschiedliche Wirkungsweisen und Resultate in der Betreuung zeigen. Gegebenenfalls können hier bewusst psychosoziale Interventionen gesteuert werden.

**Frau B.,** Diagnose Senile Demenz vom Alzheimer Typ, forderte aus eigenem Entschluss eine Betreuung ein. Ein hohes Maß an Reflexionsbereitschaft und die Offenheit mit ihrer Erkrankung umzugehen ermöglichten, beziehungsweise erforderten die Betreuung durch eine Psychotherapeutin in Ausbildung unter Supervision.

Die Interventionen im Laufe des Betreuungsprozesses waren auf Erfüllung ihrer klar definierten Wünsche im Fortschreiten ihrer Erkrankung abgestimmt. Dabei war es notwendig, dass die PraktikantIn/TherapeutIn flexibel in all ihren Interventionen reagierte, zumal der Verlauf der Krankheitsentwicklung deutlich schlechter wurde. Die Kommunikation und Vermittlung der Wünsche der HeimbewohnerIn zum Pflegepersonal waren dabei wichtige unterstützende Maßnahmen. Das Resultat der Betreuung war eine Begleitung ihrer Demenz bis zum Tod, die von Würde und Achtung getragen war.

**Frau K.**, Diagnose Depression mit paranoider Symptomatik, zeigte allen MitarbeiterInnen der Institution durch ihre Haltung einen deutlichen Leidensdruck. Ihr ängstliches und misstrauisches Verhalten erschwerten einen Betreuungszugang. Erst wiederholte, kontinuierliche, offene und lose Kontakte und die Bereitstellung einer älteren PraktikantIn, die die Spannung Alt/Jung reduzierte, konnte ihre vorerst negativ-ablehnende Haltung mildern und so eine vertrauensvolle Beziehung herstellen. Hochfrequente Besuche mit kurzer Dauer und die Einführung von Ritualen führten nach drei Monaten zu einer tragfähigen Beziehung.

Die wichtigsten Interventionen waren empathisches Spiegeln und die Bereitstellung von Übertragungsobjekten.

Das „nonverbale Dasein" und die verschiedenen Übertragungsobjekte waren wichtige Interventionen, eine vertrauensvolle Beziehung herzustellen. In weiterer Folge wurde es sogar möglich, traumatische Vergangenheitserlebnisse aufzuarbeiten. Frau K. ist seit diesem Zeitpunkt weiteren Betreuungen durch PraktikantInnen offen eingestellt.

Die PraktikantIn, die sie betreute, befand sich in Ausbildung zum Propädeutikum und zeichnete sich im Laufe der Praktikumszeit durch hohe Kreativität, empathischen Zugang und große Geduld im Zugang zur HeimbewohnerIn aus. Es war bei diesem Fall letztlich dieser PraktikantIn zu verdanken, dass sie selbstständig und eigenverantwortlich die Zugangsmöglichkeiten zu Frau K. übernommen und diese als Herausforderung wahrgenommen hat.

**Frau W.**, Diagnose postoperatives, delirantes Durchgangssyndrom mit aggressivem Verhalten, litt vordergründig an großen Ängsten, ihr Gedächtnis zu verlieren. Sie hatte diverse psychosomatische Beschwerden und signalisierte allen MitarbeiterInnen des Hauses und vor allem der zugeteilten PraktikantIn großen Zuwendungsappell. Die PraktikantIn befand sich in Ausbildung zur Klinischen und Gesundheitspsychologin, deren Betreuungszugang als „neutral" bezeichnet werden könnte.

Gegen die bestehenden, großen Ängste waren vor allem psychoedukative Methoden, Aufklärung, klare Angaben und allgemeine Struktur gebende Verfahren wirkungsvoll. Die zugeteilte PraktikantIn/PsychologIn war aufgrund ihres theoretischen Hintergrundwissens und ihres großen Engagements besonders dafür geeignet.

Die Erfolge dieser Betreuung verdeutlichten sich in einer Angstreduzierung durch psychoedukative Trainings- und spezielle Testverfahren, die der HeimbewohnerIn verdeutlichten, dass ihr Gedächtnis einwandfrei funktionierte. Ressourcenorientierte Interventionen und biografische Erinnerungsarbeit ermöglichten die Aufnahme von sozialen Kontakten und förderten bestehende Interessen zutage. Ihr aggressives Verhalten wurde modifiziert, reflektiert und bearbeitet, wobei hier die PraktikantIn auch als VermittlerIn zum Pflegepersonal zur Verfügung stand.

Frau W. hat mit dem Wechsel von PraktikantInnen keine nachhaltigen Probleme.

Die Zuteilung der HeimbewohnerInnen durch die Praktikumsleitung erfolgt klar und strukturiert, nachhaltig positive Kontaktaufnahmen, die durch das Engagement der PraktikantInnen entstanden sind, werden aber wiederholt berücksichtigt, so dass dem eigenverantwortlichen und freien Willen eines Beziehungsangebotes Rechnung getragen werden kann.

Selten, aber doch kann es vorkommen, dass sich eine Betreuungsbeziehung durch stark unterschiedliche Charakter- und Persönlichkeitszüge erschwert beziehungsweise erkenntlich wird, dass der Umgang mit alten Menschen sich für die PraktikantIn als undurchführbar erweist. Die Probezeit trägt diesem Phänomen Rechnung. Es kann nach genauerer Überprüfung der negativen Übertragungs- und Gegenübertragungsthemen auch eine Änderung vorgenommen werden.

Da die Praktikumsleitung stets den Kontakt mit den HeimbewohnerInnen aufrechterhält, können diese Vorkommnisse auch immer mit den Betroffenen offen kommuniziert werden.

# XXII. Vom Praktikumsmodell zur Integration in ein Alten- und Pflegeheim

> Zusammenfassung
>
> Psychosoziale Betreuung
> Zusammenarbeit mit der Institution
> Beziehung zwischen PraktikantInnen und PflegerInnen
> Gemeinsamkeiten und Unterschiede in den Beziehungen

Durch das Betreuungsangebot und die Struktur unserer gerontopsychosozialen Praktikumsstellen kann eine Sensibilisierung hinsichtlich der Psychohygiene der gesamten Institution erreicht werden. Dabei fällt nach den nunmehr fünfzehn Jahren ihres Wirkens auf, dass von Seiten der HeimbewohnerInnen der Wunsch und Bedarf nach qualifizierter psychosozialer Versorgung klar ausgesprochen wird.

PraktikantInnen, die ihre Ausbildung abgeschlossen haben und über genügend Erfahrung in der Psychotherapie mit alten Menschen verfügen, werden am Beispiel Berndorf auf Honorarbasis für die gerontopsychotherapeutische Behandlung im Haus eingesetzt.

Jenes Team von PsychotherapeutInnen arbeitet in enger Zusammenarbeit mit der psychiatrisch-medizinischen, der therapeutischen sowie der psychosozialen Versorgung.

So ist an der Schnittstelle psychosozial/psychotherapeutisch, also Beratung/Behandlung, der sozial-körpertherapeutischer Aspekt ein wesentlicher Faktor, ohne den eine Zusammenarbeit und ein Beziehungsangebot mit den alten Menschen, die in Heimen leben, nicht möglich erscheint.

Die interdisziplinäre Zusammenarbeit sowohl innerhalb der Praktikumsstelle als auch in der gesamten Institution ist ein wesentlicher Faktor im Aufbau und in der Realisierung psychosozialer Tätigkeit.

Die MitarbeiterInnen erleben eine deutliche Entlastung in ihrem Arbeitsalltag, wobei klare Grenzen eingehalten werden können und Zuständigkeiten für psychische Belange an das Praktikum und in der Folge an das Team der psychiatrisch-psychotherapeutischen Versorgung delegiert werden.

Das Leitbild und das Pflegemodell der Institution sind ein entscheidendes Kriterium an welchen Entwicklungsstadien dieser Lebensphase psychosozial und/oder psychotherapeutisch angeknüpft werden kann.

Die Auswirkungen von psychosozialem „Denken" sowie die Zusammenarbeit der verschiedenen Berufsgruppen haben in der Folge deutlichen Entlastungscharakter – besonders in den Bereichen der Pflege und Medizin, die naturgemäß den HeimbewohnerInnen zugute kommt.

### XXII.1 Die Beziehung zwischen Beratung/Psychotherapie und Pflege

Viele entwicklungspsychologische Kenntnisse, die heute für die Psychotherapie gültig sind, wurden anhand der Pflegebeziehungen zwischen Mutter und Kind herangezogen. So hat, um nur einen zu nennen, der englische Psychotherapeut und Kinderarzt Winnicott (1971) aus jenen Beziehungen wesentliche Erkenntnisse für die psychoanalytische Theoriebildung und Praxis gewonnen.

Psychische Strukturen, das Denken und Fühlen entstehen in Pflegebeziehungen zwischen Säugling und ihren Pflegepersonen. Viele Elemente dieser frühesten Beziehung sind auf professionelle Pflegebeziehungen übertragbar.

Der Säugling kann mit Hilfe der Mutter, die PatientIn mit Hilfe der PflegerIn, seinen zufriedenen Zustand wieder finden, wenn er einmal aus seiner Ordnung gebracht wurde. Die Abhängigkeit, die für einen Säugling existenziell ist, ist aber für den alten Menschen nur sehr schwer anzunehmen, da das Individuum zeitlebens danach strebt, sich von diesen Abhängigkeiten zu befreien beziehungsweise die einmal erreichte Autonomie zu erhalten.

Die Pflegenden bieten ein Gerüst, eine Umwelt, in der die HeimbewohnerIn sich selbst verstehen und, wenn wir an demente Patienten denken, sich orientieren kann.

Bion (1970) spricht vom „stillenden Verstehen". Durch die Fähigkeit zum Einfühlen und Verstehen werden negative Gefühle aufgenommen, verdaut und entgiftet zurückgegeben. „Verstehen und Benennen" können Angst mindernd wirken.

In der Altenpflege benötigen HeimbewohnerInnen Hilfe bei der Bewältigung des Alltags, den sie bisher in der Regel selbstständig und unabhängig bestritten haben. Ohne pflegerische Hilfe wären manche HeimbewohnerInnen nicht lebensfähig. Pflege hilft, das Leben in einer Umwelt zu erhalten.

Jede Pflegeperson ist im Erleben des Gepflegten in ihrer Kapazität begrenzt. Sie kann höchstens „gut genug" (Winnicott 1971) sein. Die Erfahrung von Begrenzung und Mangel sind aber auch Motor jeder Entwicklung, die aus abhängigen Pflegebeziehungen herausführt. Mit der tatsächlichen oder befürchteten Pflegebedürftigkeit im Alter droht sich die Erfahrung existenzieller Abhängigkeit von einem hoch ambivalenten Objekt zu wiederholen – das ist die Angst vor der Pflegebedürftigkeit.

Jede HeimbewohnerIn überträgt ihre Beziehungserfahrungen, die sie mit Abhängigkeit gemacht hat, auf die aktuelle Pflegebeziehung. Manche können sich gut versorgen lassen und fordern dies sogar ein. Schwieriger wird es, wenn das basale Gefühl körperlicher oder psychischer Kohärenz verloren geht. Dann entstehen Ängste. Angst vor der Erfahrung der Zusammenhanglosigkeit. Es droht die Desintegration des eigenen Sicherheitsrhythmus, der sensorischen Oberfläche und des inneren Raumes. Pflegende haben dann für die HeimbewohnerIn diesen existenziellen Zusammenhalt zu gewährleisten – wie für einen Neugeborenen.

Das Erleben des Alternsprozesses als ein böses Objekt, das es zu bekämpfen gilt, korrespondiert aber auch mit dem herrschenden Verständnis der Medizin. Die HeimbewohnerIn trifft deshalb auf Pflegende, die ihrerseits oft selbstverständlich davon ausgehen, dass Krankheit zu bekämpfen und der Tod zu verhindern sei. Dieses Bemühen führt in vielen Fällen zu großen Erfolgen, dient aber in anderen Fällen hauptsächlich dem eigenen Schutz vor unerträglicher Konfrontation mit bedrohlichen Gefühlen.

Im Erleben der HeimbewohnerIn sind Pflegende aufs Engste mit der Krankheit und den Erschütterungen des Alterns verbunden. Schließlich ist die Pflegeperson zu einem Zeitpunkt in ihr Leben getreten, der mit Einschränkungen verbunden ist, auch wenn der Pflegende sich selbst als Verbündeter des Kranken zur Bewältigung der Einschränkungen sieht. Der Kontakt zur Pflegeperson konfrontiert die HeimbewohnerIn stets auf Neue mit ihrer Krankheit, ihrem Alter und dessen unbewusster Bedeutung.

Für Pflegende ist es sehr hilfreich, wenn sie sich der Fähigkeiten bedienen, die in der Psychotherapie grundlegend sind, nämlich zu oszillieren zwischen Empathie und einer dritten Position, die bedeutet, sich herausnehmen zu können, sein Verhalten zu reflektieren und kritisch zu hinterfragen.

Diese Anforderung leitet sich aus der Tatsache ab, dass Pflegende ständig auch mit existenziellen Fragen des eigenen Leidens und der eigenen Sterblichkeit konfrontiert sind.

So wie die PsychotherapeutIn/PraktikanIn in der therapeutischen/psychosozialen Situation, so werden auch Pflegende mit massiven und existentiellen Gefühlen konfrontiert, vielfach noch sehr viel direkter, sozusagen „hautnah" und ohne den Schutz der Abstinenzregel. Sie sind durch ihre Tätigkeit auch mit Ekel- und Schuldgefühlen konfrontiert. Die Pflege und Betreuung von Sterbenden kann auch Ohnmachtsgefühle auslösen.

Die Bearbeitung der Beziehungsprozesse unter besonderer Beachtung der Übertragungs- und Gegenübertragungsphänomene hat sich für Pflegende besonders bewährt, ist aber noch lange nicht verbreiteter Pflegestandard.

In einer Supervisionsgruppe kann es gelingen, ein positives Krankheits- und Beziehungsverständnis zu entwickeln. Pflegende ihrerseits benötigen auch ein Holding.

PflegerInnen, die sich ihrer Handlungen und der Bedeutung von Beziehungsaspekten nicht bewusst sind, sehen sich immer wieder vor unverständliche Rätsel gestellt.

Langandauernde Pflegebeziehungen, wie sie für die Altenpflege charakteristisch sind, konfrontieren und involvieren die PflegerInnen gleichermaßen mit dem „Innenleben" der HeimbewohnerInnen wie auch mit dem eigenen Unbewussten.

In der Pflegepraxis ist es notwendig, sich dieser unbewussten Aspekte bewusst zu werden. Damit werden sie bei den Pflegenden auf interessierte und dankbare Empfänger stoßen – aber auch immer wieder auf heftige Abwehr.

### XXII.2. Gemeinsamkeiten beziehungsweise Unterschiede von Pflegenden und PraktikantInnen/ PsychotherapeutInnen im Umgang mit alten Menschen

**Gemeinsamkeiten**
- einfühlsames Verstehen – Empathie
- beide sind sowohl Teilnehmer als auch Beobachter
- beide durchbrechen oder überwinden allgemein gültige Schamgrenzen/ freie Assoziation versus direkten körperlichen Kontakt
- beide versuchen in ihrem professionellen Bezugsrahmen zu erkunden, was dem leidenden, pflegebedürftigen Menschen fehlt
- Verstehen der Bedürfnisse der HeimbewohnerInnen
- beide wollen Menschen erreichen
- biografisch orientierte Pflege/Beziehungsverständnis ist hilfreich

**Unterschiede der Beziehungen**

| Psychosoziale Betreuung Psychotherapie | Pflege |
| --- | --- |
| Die Psychotherapie macht Unbewusstes bewusst | Ist nicht ihre Aufgabe und Zielsetzung |
|  | Pflege und Bedürfnisbefriedigung mittels Pflegefunktionen |
| Somatisiertes wird in Psychisches umgewandelt | Somatisiertes wird je nach medizinischem Auftrag behandelt |
| Abstinenz des Handelns | Handlungsdialog |

| **Psychosoziale Betreuung Psychotherapie** | **Pflege** |
|---|---|
| Arbeitsauftrag ermöglicht bessere Distanz | wenig Distanz möglich |
| wöchentliche Kontakte | tägliche Kontakte |
| Zeitausmaß des Kontakts ist strukturiert und begrenzt | Pflegebedarf bestimmt Zeitausmaß |

# XXIII. Statistische Daten der Praktikumsstellen

> Zusammenfassung
>
> Die Jahre 2004, 2005, 2006
> Diagramme
> Infrastruktur
> Evaluierung der Betreuungsstunden

**Im Jahr 2004**
- Haus Theaterpark
  3408 psychosoziale Betreuungsstunden mit 8–12 PraktikantInnen
  davon 45 % Einzelbetreuungen
  und 55 % Stockwerkbetreuung
  Durchschnittliche monatliche Anzahl der Betreuungsstunden 284
- Sanatorium Maimonides-Zentrum
  4522 psychosoziale Betreuungsstunden mit 13–20 PraktikantInnen
  davon 74 % Einzelbetreuungen
  und 26 % Stockwerkbetreuung
  Durchschnittliche monatliche Anzahl der Betreuungsstunden 367

**Im Jahr 2005**
- Haus Theaterpark
  3095 psychosoziale Betreuungsstunden mit 8–13 PraktikantInnen
  davon 59 % Einzelbetreuungen
  und 41 % Stockwerkbetreuung
  Durchschnittliche monatliche Anzahl der Betreuungsstunden 278

- Sanatorium Maimonides-Zentrum
  4197 psychosoziale Betreuungsstunden mit 13–20 PraktikantInnen
  davon 67 % Einzelbetreuungen
  und 33 % Stockwerkbetreuung
  Durchschnittliche monatliche Anzahl der Betreuungsstunden 357

**Im Jahr 2006**
- Haus Theaterpark
  3117 psychosoziale Betreuungsstunden mit ca. 8-13 PraktikantInnen
  davon 60 % Einzelbetreuungen
  Und 40 % Stockwerkbetreuung
  Durchschnittliche monatliche Anzahl der Betreuungsstunden 380
- Sanatorium Maimonides-Zentrum
  3080 psychosoziale Betreuungsstunden mit ca. 13 PraktikantInnen
  davon 85 % Einzelbetreuung
  und 15 % Stockwerkbetreuung
  Durchschnittliche monatliche Anzahl der Betreuungsstunden 323

**XXIII.1 Diagramme**

Sanatorium Maimonides-Zentrum 2006

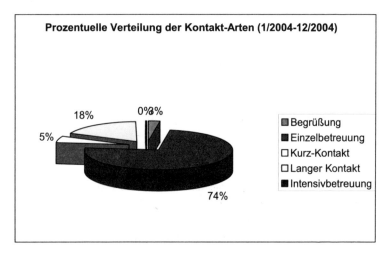

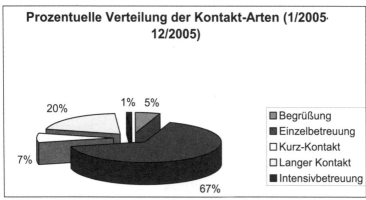

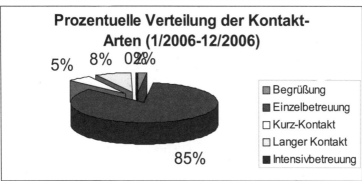

Haus Theaterpark, NÖ

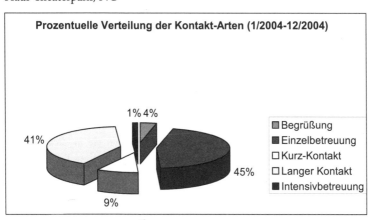

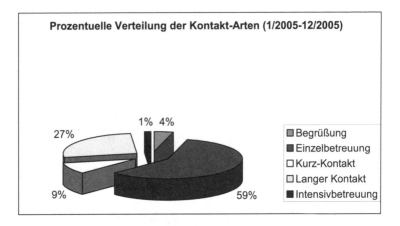

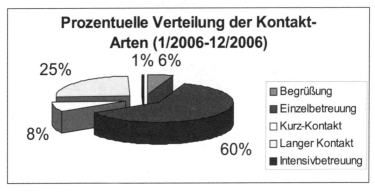

### XXIII.2 Infrastruktur der Praktikumsstellen

- Räumlichkeiten
- Büroausstattung
- Finanzierung einer Praktikumsstelle

Für die Etablierung einer Praktikumsstelle, wie wir sie in diesem Buch dargestellt haben, ist es notwendig, folgende infrastrukturelle Punkte zu beachten:

Das Team der Praktikumsstelle besteht aus zwei PsychotherapeutInnen und einer gewissen Anzahl von PraktikantInnen.

Es ist daher notwendig, einen Raum zu haben, in dem sich diese Personen aufhalten können und der groß genug ist, um dort auch die wöchentlichen Teamsitzungen abhalten zu können.

Telefon, Internetanschluss, PC und Zugang zu gewissen Bereichen des Intranets (Bettenbelag, Neuaufnahmen, Sachwalterschaftslisten, Veranstaltungen, Anwesenheiten von Ärzten etc.) sind obligatorisch. Voraussetzung ist ebenfalls eine enge Zusammenarbeit mit den Ärzten und dem Pflegepersonal.

### XXIII.3 Evaluierung der Betreuungsstunden
(Mag. Monika Haunerdinger)

Im folgenden Kapitel soll die Evaluierung des Gerontopsychosozialen Praktikums (im Folgenden GPP genannt) im Haus Theaterpark und die des Böhmer-Laufer-Psychosozialen Praktikums (im Folgenden BLPP genannt) des Sanatoriums Maimonides-Zentrum (im Folgenden MZ genannt) dargestellt werden. Da beide Häuser sich stark voneinander unterscheiden, soll an dieser Stelle jedes Haus für sich dargestellt werden im Vergleich zweier aufeinander folgenden Jahre.

**a) Haus Theaterpark**

1. Betreuungsleistungen
Insgesamt leisteten die PraktikantInnen des GPP im Jahr 2004 3.408,8 Stunden an Betreuungstätigkeit. Dies entspricht im Monatsmittel einer Betreuungsstundenanzahl von 284,08 Stunden bzw. über 1,75 Vollzeitäquivalenten. Eine Vergleich mit den vergangenen Jahren zeigt einen deutlichen Anstieg der Betreuungsleistung: Konnten im Rahmen des GPP im Jahr 2001 erst 89,16 Stunden monatlich an Leistung erbracht werden, waren dies 2002 bereits 171,63 und 2003 sogar 242,1 (vgl. Abb. 1). Im Jahr 2005 ging die Anzahl der Betreuungsstunden gering zurück auf 3.095,5, was einem Monatsmittel von 257,95 entspricht.

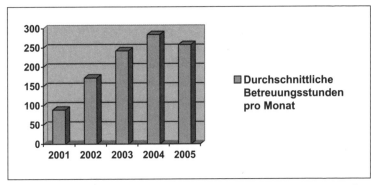

*Abbildung 1*: Jahresvergleich der im Monat durchschnittlich geleisteten Betreuungsstunden

Die geleistete Betreuungszeit lässt sich in unterschiedliche Kontaktarten unterteilen. Bei den Kontakten zwischen den PraktikantInnen des GPP und den HeimbewohnerInnen wird zwischen Einzelbetreuung, Stockwerkbetreuung (Begrüßung, kurzer oder langer Kontakt) und Intensivbetreuung unterschieden. Die Einzelbetreuung ist die bedeutendste Kontaktart innerhalb des GPP.

| Kontaktart | Monatlicher Durchschnitt | | | Summe der Betreuungsstunden | | | Prozent | | |
|---|---|---|---|---|---|---|---|---|---|
| | 2003 | 2004 | 2005 | 2003 | 2004 | 2005 | 2003 | 2004 | 2005 |
| EB | 117,1 | 129,48 | 151,32 | 1.405,0 | 1.553,7 | 1.815,9 | 48,33 | 45,58 | 58,66 |
| LK | 64,9 | 115,43 | 68,84 | 778,3 | 1.358,1 | 826,1 | 26,77 | 40,63 | 26,69 |
| KK | 42,8 | 26,01 | 23,66 | 514,1 | 312,1 | 283,9 | 17,68 | 9,16 | 9,17 |
| B | 16,3 | 10,33 | 10,89 | 195,8 | 124,0 | 130,7 | 6,74 | 3,63 | 4,22 |
| IB | 1,1 | 2,83 | 3,24 | 13,8 | 33,9 | 38,9 | 0,48 | 1,00 | 1,26 |
| Gesamt | 242,2 | 284,08 | 257,95 | 2.907,0 | 3.408,8 | 3.095,5 | 100,00 | 100,00 | 100,00 |

*Tabelle 1*: Darstellung der Betreuungszeit 2003, 2004 und 2005 – bezogen auf die Kontaktarten (EB = Einzelbetreuung, LK = Langer Kontakt, KK = Kurzkontakt, B = Begrüßung, IB = Intensivbetreuung)

Im Jahr 2004 fielen 45,58 % der, insgesamt 3.408,8 von den PraktikantInnen geleisteten Betreuungsstunden auf die Einzelbetreuungen, was einen Absolutwert von 129,48 ausmacht. 40,63 % der Zeit nahmen die langen

Kontakte und 9,16 % die Kurzkontakte in Anspruch. Die Begrüßung der HeimbewohnerInnen schlug sich mit 3,63 % und die Intensivbetreuung mit 1 % zu Buche (vgl. Tabelle 1). Im Vergleich zu 2003 zeigt sich in der Betreuungszeit eine Abnahme für Begrüßung und Kurzkontakt und eine Zunahme bei Einzelbetreuung, langer Kontakt und Intensivbetreuung.

Im Jahr 2005 fielen 58,66 % der insgesamt 3.095,5 von den PraktikantInnen geleisteten Betreuungsstunden auf die Einzelbetreuungen, was einen Absolutwert von 151,32 ausmacht. 26,69 % der Zeit nahmen die langen Kontakte und 9,17 % die Kurzkontakte in Anspruch. Die Begrüßung der HeimbewohnerInnen schlug sich mit 4,22 % und die Intensivbetreuung mit 1,26 % zu Buche. Im Vergleich zu 2004 zeigt sich in der Betreuungszeit eine Abnahme für langer Kontakt und eine Zunahme bei Einzelbetreuung. Die Betreuungszeit bei Kurzkontakt, Begrüßung und Intensivbetreuung ist in den 2 Jahren fast gleich geblieben.

Es zeigt sich, dass die Betreuungsstundenanzahl insgesamt deutlich gesteigert werden konnte. Gleichzeitig war es aber auch möglich, durch zunehmende Routineabläufe gewisse Kontaktarten zu optimieren und eine Verteilung zugunsten der langen Kontakte und der Einzelbetreuung zu erreichen. Auch die Intensivbetreuung, die aus ihrer Art heraus einen geringen Stundenanteil ausmacht, wurde von 2003 auf 2004 mehr als verdoppelt.

Ein Vergleich der monatlichen Durchschnittswerte der Einzelbetreuungen und sämtlicher Kontaktarten im Rahmen der Stockwerkbetreuung zeigt einen kontinuierlichen Anstieg der geleisteten Stunden in mehreren Jahren mit einem leichten Abstieg im Jahr 2005. Die strategische Entscheidung im Jahr 2003, die Stockwerkbetreuung auszubauen, wurde auch im Jahr 2004 fortgesetzt. Abbildung 2 zeigt, dass dem Wunsch des Hauses und des Pflegepersonals nach mehr Stockwerkbetreuung entsprochen wurde.

|  | 2001 | 2002 | 2003 | 2004 | 2005 |
|---|---|---|---|---|---|
| Stockwerkbetreuung | 35,95 | 69,63 | 125,10 | 154,60 | 106,63 |
| Einzelbetreuung | 53,21 | 102,00 | 117,10 | 129,48 | 151,32 |
| Gesamt | 89,16 | 171,63 | 242,20 | 284,08 | 257,95 |

*Tabelle 2*: Jahresvergleich der durchschnittlichen Betreuungsstunden pro Monat

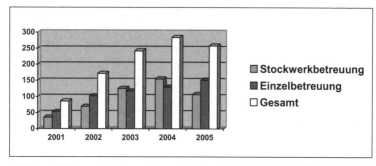

*Abbildung 2*: Jahresvergleich der geleisteten Stunden pro Monat, bezogen auf die Einzel- bzw. Stockwerkbetreuung

Die Anzahl der PraktikantInnen konnte im Jahr 2004 konstant hoch gehalten werden und bewegte sich zwischen acht und zwölf PraktikantInnen. Dies ist einer intensiven Bewerbung des Praktikums an diversen Ausbildungsstellen zu verdanken. Signifikant ist die stetige Steigerung der PraktikantInnenzahlen von 2001 bis 2004 (vgl. Abbildung 3). Dies spricht für die Qualität und die Struktur der Praktikumsstelle und verdeutlicht die erfolgreichen Bemühungen der Führung des Hauses. Im Jahr 2005 bewegte sich die PraktikantInnenzahl zwischen acht und dreizehn PraktikantInnen.

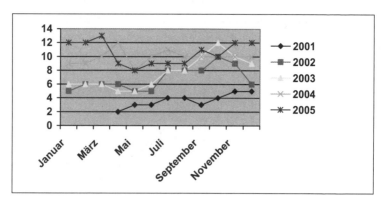

*Abbildung 3*: Anzahl der monatlichen PraktikantInnen

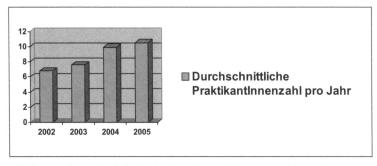

*Abbildung 4*: Jahresvergleich der durchschnittlichen PraktikantInnenzahl pro Jahr

**Soziodemographie**

Von den 2004 insgesamt 3.408,8 geleisteten Betreuungsstunden entfielen 2.682,7 Stunden (78,7%) auf die Heimbewohnerinnen und 726,1 Stunden (21,3%) auf die HeimbewohnerInnen. 2003 waren es insgesamt 2.906,9 Stunden, von denen 2.212,1 Stunden (76,1%) auf die Heimbewohnerinnen und 694,8 Stunden (23,9%) auf die Heimbewohner entfielen. Auch im Jahr 2005 entspricht die geschlechtsspezifische Verteilung der kontaktierten HeimbewohnerInnen der geschlechtsspezifischen Verteilung der geleisteten Betreuungsstunden: von den insgesamt 3095,5 geleisteten Betreuungsstunden entfielen 2.231,9 (72,1%) auf die Heimbewohnerinnen und 863,6 (27,9%) auf die Heimbewohner.

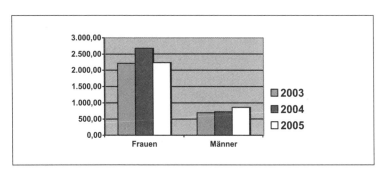

*Abbildung 5*: Vergleich der Verteilung der Betreuungsstunden in den Jahren 2003, 2004 und 2005 nach dem Geschlecht

Evaluierung der Betreuungsstunden

Aus Tabelle 3 erkennt man deutlich, dass sich die Verteilungen der Betreuungsstunden in den Jahren 2003 und 2004 kaum voneinander unterscheiden: im Rahmen des GPP entfielen in beiden Jahren die meisten Betreuungsstunden auf die alten Menschen (76–90 Jahre). Weniger als die Hälfte der Zeit nahmen die Hochbetagten (90–91 Jahre) und die älteren Menschen (60–75 Jahre) in Anspruch. Kaum Betreuungszeit entfiel auf die jungen Alten (51–75 Jahre) und die Langlebigen (> 100 Jahre).

|      | 12–50  | 51–59  | 60–75  | 76–90   | 91–99   | > 100  |
|------|--------|--------|--------|---------|---------|--------|
| 2003 | 0,00 % | 0,30 % | 9,60 % | 61,90 % | 28,00 % | 0,20 % |
| 2004 | 0,79 % | 0,16 % | 9,35 % | 65,69 % | 21,83 % | 2,19 % |
| 2005 | 0,69 % | 0,00 % | 9,44 % | 63,01 % | 25,03 % | 1,83 % |

*Tabelle 3*: Vergleich 2003/2004/2005 der Verteilung der Betreuungsstunden in Prozenten nach Alterskategorien

## 2. Auswirkungen auf die HeimbewohnerInnen

Der Anstieg der PraktikantInnen und die qualitative Leitung und Organisation wirkten sich positiv auf die qualitative und quantitative Betreuung der HeimbewohnerInnen aus. Das GPP wurde von Seiten des Pflegepersonals vermehrt angenommen und genützt.

## 3. Betreuungsleistungen

Insgesamt leisteten die PraktikantInnen des BLPP im Jahr 2004 4.522,2 Stunden an Betreuungstätigkeit. Dies entspricht im Monatsmittel einer Betreuungsstundenanzahl von 381,3 Stunden bzw. fast 2,25 Vollzeitäquivalenten. 2005 sank die Anzahl der Stunden leicht auf 4197,2, was einem Monatsmittel von 357,7 Stunden bzw. über 2 Vollzeitäquivalenten entspricht.

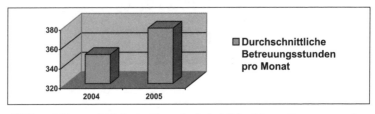

*Abbildung 6*: Jahresvergleich der im Monat durchschnittlich geleisteten Betreuungsstunden

Die geleistete Betreuungszeit lässt sich in unterschiedliche Kontaktarten unterteilen. Bei den Kontakten zwischen den PraktikantInnen des GPP und den HeimbewohnerInnen wird zwischen Einzelbetreuung, Stockwerkbetreuung (Begrüßung, kurzer oder langer Kontakt) und Intensivbetreuung unterschieden. Die Einzelbetreuung ist die bedeutendste Kontaktart innerhalb des BLPP.

| Kontaktart | Monatlicher Durchschnitt | | Summe der Betreuungsstunden | | Prozent | |
|---|---|---|---|---|---|---|
| | 2004 | 2005 | 2004 | 2005 | 2004 | 2005 |
| Einzelbetreuung | 282,3 | 236,2 | 3.387,7 | 2.834,8 | 74 | 67 |
| Langer Kontakt | 67,0 | 72,0 | 803,6 | 864,4 | 18 | 20 |
| **Kurzkontakt** | 20,8 | 26,8 | 249,4 | 321,7 | 5 | 7 |
| Begrüßung | 9,8 | 18,8 | 117,4 | 226,1 | 3 | 5 |
| Intensivbetreuung | 1,4 | 3,9 | 17,1 | 46,5 | <1 | 1 |
| Gesamt | 381,3 | 357,7 | 4.522,2 | 4.197,2 | 100 | 100 |

*Tabelle 4*: Darstellung der Betreuungszeit 2004 und 2005 – bezogen auf die Kontaktarten

Im Jahr 2005 fielen 74 % der insgesamt 4.197,2 von den PraktikantInnen geleisteten Betreuungsstunden auf die Einzelbetreuungen, was einen Absolutwert von 236,2 ausmacht. 20 % der Zeit nahmen die langen Kontakte und 7 % die Kurzkontakte in Anspruch. Die Begrüßung der HeimbewohnerInnen schlug sich mit 5 % und die Intensivbetreuung mit 1 % zu Buche (vgl. Tabelle 4). Im Vergleich zu 2004 zeigt sich in der Betreuungszeit eine Abnahme für Einzelbetreuung und eine Zunahme bei langer Kontakt, Kurzkontakt, Begrüßung und Intensivbetreuung.

Die Anzahl der PraktikantInnen konnte in den Jahren 2004 und 2005 konstant hoch gehalten werden und bewegte sich zwischen dreizehn und zwanzig PraktikantInnen. Dies ist einer intensiven Bewerbung des Praktikums an diversen Ausbildungsstellen zu verdanken.

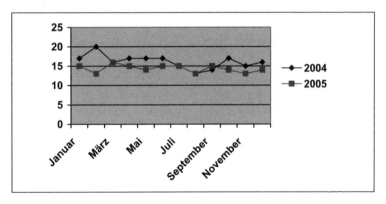

*Abbildung 7*: Anzahl der monatlichen PraktikantInnen

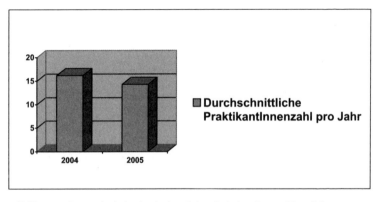

*Abbildung 8*: Jahresvergleich der durchschnittlichen PraktikantInnenzahl pro Jahr

4. Soziodemographie

Von den 2005 insgesamt 4.197,2 geleisteten Betreuungsstunden entfielen 3.179,2 Stunden (75,7 %) auf die Heimbewohnerinnen und 1018 Stunden (24,3 %) auf die Heimbewohner. 2004 waren es insgesamt 4522,2 Stunden, von denen 3.287,8 Stunden (72,7 %) auf die Heimbewohnerinnen und 1234,4 Stunden (27,3 %) auf die Heimbewohner entfielen. In beiden Jahren entspricht die geschlechtsspezifische Verteilung der kontaktierten HeimbewohnerInnen der geschlechtsspezifischen Verteilung der geleisteten Betreuungsstunden.

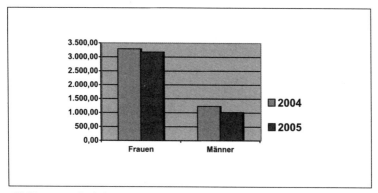

*Abbildung 9:* Vergleich der Verteilung der Betreuungsstunden im Jahr 2004 und 2005 nach dem Geschlecht

Aus Tabelle 5 erkennt man deutlich, dass sich die Verteilungen der Betreuungsstunden in den Jahren 2004 und 2005 kaum voneinander unterscheiden: Im Rahmen des BLPP entfielen in beiden Jahren die meisten Betreuungsstunden auf die alten Menschen (76–90 Jahre). Weniger als die Hälfte der Zeit nahmen die Hochbetagten (90–91 Jahre) und die älteren Menschen (60–75 Jahre) in Anspruch. Kaum Betreuungszeit entfiel auf die jungen Alten (51–75 Jahre) und die Langlebigen (> 100 Jahre). Auffallend sind eine Zunahme in der Betreuung bei den alten Menschen und den Langlebigen sowie eine Abnahme bei den Hochbetagten.

|      | 12–50  | 51–59  | 60–75  | 76–90   | 91–99   | > 100  |
|------|--------|--------|--------|---------|---------|--------|
| 2004 | 0,39 % | 2,25 % | 8,96 % | 60,89 % | 26,26 % | 1,25 % |
| 2005 | 0,02 % | 2,78 % | 8,26 % | 72,90 % | 12,78 % | 3,26 % |

*Tabelle 5:* Vergleich 2003/2004 der Verteilung der Betreuungsstunden in Prozenten nach Alterskategorien

5. Auswirkungen auf die HeimbewohnerInnen
Der Anstieg der PraktikantInnen und die qualitative Leitung und Organisation wirkten sich positiv auf die qualitative und quantitative Betreuung der HeimbewohnerInnen aus. Das BLPP wurde von Seiten des Pflegepersonals vermehrt angenommen und genützt.

**Zusammenfassung**

In diesem Kapitel wurde die Evaluierung der Betreuung im MZ und im Haus Theater Park dargestellt. Aufgrund der Besonderheiten beider Häuser ist es nicht möglich, diese einander gegenüberzustellen. Demzufolge wurde die Betreuungssituation jedes Hauses für sich in zwei aufeinander folgenden Jahren verglichen.

Im Haus Theaterpark leisteten durchschnittlich 9,9 PraktikantInnen des GPP im Jahr 2004 3.408,8 Stunden an Betreuungstätigkeit. Dies entspricht einem Monatsmittel einer Betreuungsstundenanzahl von 284,08 Stunden bzw. über 1,75 Vollzeitäquivalenten. Im Vergleich zum Jahr 2003 stiegen die im Rahmen des GPP geleisteten Betreuungsstunden um ca. 20%. Dies führte dazu, dass vor allem im Rahmen der Stockwerkbetreuung mehr Betreuungsarbeit geleistet werden konnte, was sich positiv auf die psychosoziale Betreuung der HeimbewohnerInnen auswirkte und in Folge auch positive Effekte auf das Pflegepersonal hatte. Der Anstieg der Betreuungsleistung von 2001 auf 2003 beträgt über 300 Prozent.

Ein Vergleich der monatlichen PraktikantInnenzahl der Jahre 2001 bis 2004 zeigt einen kontinuierlichen Anstieg, was die Qualität und Struktur der Praktikumsstelle und die erfolgreichen Bemühungen der Führung des Hauses verdeutlicht.

Im MZ leisteten durchschnittlich 14,3 PraktikantInnen des BLPP im Jahr 2005 4.197,2 Stunden an Betreuungstätigkeit. Dies entspricht einem Monatsmittel einer Betreuungsstundenanzahl von 357,7 Stunden bzw. über 2 Vollzeitäquivalenten. Im Vergleich zum Jahr 2004 sanken die im Rahmen des BLPP geleisteten Betreuungsstunden minimal.

**Autorin:**
**Mag. Monika Haunerdinger**, geb. Welkhammer
Studium der Psychologie in Wien
Tätig in der mobilen Altenbetreuung der Caritas Wien
Lebt und arbeitet heute in Oberbayern, Deutschland

# XXIV. Wissenschaftliche Forschung im Praktikum

### XXIV.1 Wissenschaftliche Arbeiten

Die wissenschaftliche Forschung hat sich neben dem beschriebenen Praktikumsmodell zu einer wesentlichen und durchgängigen Aufgabe entwickelt.

Die Forschungsergebnisse zum Thema Gerontologie und deren angrenzende Bereiche, hier im Besonderen hinsichtlich zielgerichteter Betreuungsformen für HeimbewohnerInnen in Alten- und Pflegeheimen, tragen nachhaltig zu einer Qualitätssicherung und Optimierung bei.

So ist neben der Etablierung, Führung und Weiterentwicklung der Praktikumsstellen ein neuer zusätzlicher Aufgabenbereich gewachsen. StudentInnen verschiedener Ausbildungsinstitutionen und -richtungen können nach Antragstellung bei der Praktikumsleitung und des Vereins für wissenschaftliche Forschung auf dem Gebiet der Gerontopsychotherapie, die für ihr Studium notwendigen Dissertationen und Diplomarbeiten verfassen. Bevorzugt werden hier alle für die Praktikumsstelle beziehungsweise für die HeimbewohnerInnen relevanten Themen, deren wissenschaftliche Untersuchungen den Blickwinkel differenzieren und erweitern.

Die aktuellen statistischen Daten und die jährlich durchgeführten Evaluierungen dienen dabei als wichtige Ausgangskriterien.

Die Praktikumsleitung hilft und berät die StudentInnen bei der Wahl des Studienthemas und betreut sie bis zum Abschluss der Arbeit. Die Betreuung beinhaltet die Absprache mit der ärztlichen Leitung, die Einführung in die Heimstruktur und die Auswahl von HeimbewohnerInnen, wenn die Erhebung von Interviews notwendig ist, sowie Unterstützung bei der Erstellung von Fragebögen, die oft Grundlage für wissenschaftliche Arbeiten sind.

Die Befragung der HeimbewohnerInnen des Sanatoriums Maimonides-Zentrum, von denen ein Großteil Überlebende der Shoa sind, erfordert hier ein erhöhtes Maß an Empathie, da neben der Wiederbelebung der Vergangenheit die wissenschaftliche Untersuchung selbst als belastend empfunden werden kann. So hat die Erfahrung gezeigt, dass diese Tätigkeit langfristig geplant und durchgeführt werden muss. Das Altern an sich benötigt eine andere Zeitqualität und Interaktionen jeder Art müssen an jene angepasst werden. Das heißt, für die StudentInnen ist eine adäquate Planung und Durchführung ihrer Arbeit notwendig, wo Flexibilität, Anpassung und Wertschätzung im Vordergrund stehen müssen, um die gewünschten Untersuchungen durchführen und beschreiben zu können.

Auch das PraktikanInnenteam unterstützt die StudentInnen bei den Kontakten mit den HeimbewohnerInnen, da sie meist detaillierte und lebensnahe Informationen über die Gewohnheiten geben können.

In den letzten Jahren haben sich vorwiegend Klinische und GesundheitspsycholgInnen um wissenschaftliche Tätigkeit beworben, es wurden aber auch aus den Studienrichtungen wie Geschichte, Judaistik, Alterswissenschaften und Pflegewissenschaften Arbeiten verfasst, die zum Teil auch veröffentlicht wurden.

Forschung und Prozessentwicklung sind uns ein großes Anliegen, da vor allem zum Thema Altern und das Leben in einem Alten- und Pflegeheim von den hier beschriebenen, bekannten und vielfältigen Qualitätskriterien abhängig ist. Um unser Betreuungsmodell ständig den gegebenen Bedingungen anzupassen und es auch im Sinne der HeimbewohnerInnen, denen dies vor allem zugutekommen soll, modifizieren zu können, geben uns diese Arbeiten viele wertvolle Hinweise.

Eine reichhaltige Themenliste liegt noch zur Bearbeitung vor uns.

In den Jahren 1995 bis 2006 sind zahlreiche Arbeiten abgeschlossen und zum Teil veröffentlicht worden.

**„Angst vor Tod und Sterben"**
Diplomarbeit zum Lehrgang „Gerontologie und Geriatrie"
Susanne Kaufmann, wissenschaftliche Landesakademie Krems; 1995

**"Klientenzentrierte Psychotherapie und Alter, sterbende Menschen – eine Verbindung"**
Heidi Behn Thiele; 1997; Wien

**"'Wi(e)der-Gut-Machung'" bei Shoa-Überlebenden in Österreich"**
Diplomarbeit
Maja Batsheva, Akademie für Sozialarbeit der Stadt Wien, 1997

**"Qualitative Analyse der Betreuungsdokumentationen hinsichtlich des gerontopsychosozialen Betreuungsprozesses"**
Diplomarbeit
Mag. Gabriele Koch, Wien; 1999

**"Individuelle Geschichten von Gesundheit und Krankheit – die Zusammenhänge zwischen dem Kohärenzsinn und dem posttraumatischen Stresssyndrom und die daraus folgenden gerontopsychotherapeutischen Konsequenzen"**
Diplomarbeit
Mag. Brit Müller, Universität Wien; 2000

**"Von der psychosozialen Beratung zur Psychotherapie im Alter"**
Abschlussarbeit für den Universitätslehrgang Interdisziplinäre Gerontologie an der Karl-Franzens-Universität Graz,
Elisabeth Grünberger, Wien; 2001

**"Leben im Altersheim – Möglichkeiten und Grenzen psychosozialer Betreuung im Sanatorium Maimonides-Zentrum"**
Diplomarbeit
Mag. Monika Haunerdinger (geb. Welkhammer), Universität Wien; 2005

**"Lebenshilfe im Alter – Zwischen Lebensberatung und Psychotherapie"**
Abschlussarbeit eines diplomierten Lebens- und Sozialberaters; Wien; 2005

„Treffpunkt Maimonides- Zentrum"
Veröffentlichung
Böhlau Verlag
Mag. Traude Litzka, Wien; 2006

## XXIV.2 Forschungsstand zum Böhmer-Laufer Psychosozialen Praktikum im Sanatorium Maimonides-Zentrum
(Martina Hopfner)

### Einleitung

Zu diesem Betreuungsmodell liegen bereits zwei wissenschaftliche Forschungsarbeiten vor, die dritte Arbeit wird derzeit erstellt.

Dieses Kapitel wird zuerst einen kurzen Überblick über die Arbeiten geben und danach die einzelnen Forschungsprojekte detaillierter beschreiben.

### Überblick

Im April 1999 wurde von der klinischen Psychologin Mag. Gabriele Koch im Auftrag des *„Vereins zur Unterstützung der wissenschaftlichen Forschung auf dem Gebiet der Gerontopsychotherapie"* die erste Arbeit erstellt. Es handelt sich dabei um eine Analyse der vorliegenden Betreuungsdokumentation mit der *Zielsetzung, den gerontopsychosozialen Betreuungsprozess transparent zu machen.* Dazu wurden anhand der vorhandenen Betreuungsdokumentation diagnostische Gruppen der betreuten Personen erarbeitet und beschrieben sowie Indikations- und Aufgabenstellungen für die gerontopsychosoziale Betreuung identifiziert.

Die zweite der vorliegenden Arbeiten ist die im April 2005 eingereichte Diplomarbeit der Psychologin Mag. Monika Haunerdinger, geb. Welkhammer, die unter anderem die Fragestellung untersuchte, *welche Auswirkungen die psychosoziale Betreuung auf die Lebenszufriedenheit der Betreuten hat und wie* HeimbewohnerInnen und PraktikantInnen die Betreuung im Maimonides-Zentrum wahrnehmen.

Eine weitere Arbeit befindet sich zum Zeitpunkt der Entstehung dieses Buches im Planungs- bzw. ersten Erhebungsstadium, sie wird von mir als

Psychotherapeutin in Ausbildung unter Supervision und gleichzeitig Studentin der Pflegewissenschaft im Rahmen meiner Diplomarbeit durchgeführt werden. Die Arbeit wird ganz aus der Sicht der HeimbewohnerInnen angelegt und soll beschreiben, welche Faktoren in der Betreuung diese zu einem positiven beziehungsweise eventuell auch negativen Erleben für die betreuten Personen werden lassen. Dazu werden mit betreuten Personen Gespräche geführt werden.

Im nachfolgenden Abschnitt sollen die Ergebnisse der einzelnen Arbeiten detaillierter dargestellt werden. Es scheint mir wichtig, darauf hinzuweisen, dass dabei wesentliche, jedoch nicht alle Ergebnisse der jeweiligen Arbeiten berücksichtigt werden konnten.

1. Untersuchung der psychosozialen Betreuungstätigkeit des Böhmer-Laufer Psychosozialen Praktikums
(Mag. Gabriele Koch; 1999)

Diese Arbeit wurde von Mag. Gabriele Koch, einer klinischen und Gesundheitspsychologin, im Auftrag des *„Vereins zur Unterstützung der wissenschaftlichen Forschung auf dem Gebiet der Gerontopsychotherapie"* durchgeführt. Sie stellt eine umfassende Untersuchung der psychosozialen Betreuungstätigkeit des Böhmer-Laufer Psychosozialen Praktikums dar.

Dazu wurde die Dokumentation von 50 Betreuungsprozessen, die sich durchschnittlich über jeweils vier Quartale erstreckten, im Detail ausgewertet. Auf die Betreuungsdokumentation soll an dieser Stelle nicht näher eingegangen werden, eine detaillierte Beschreibung findet sich an anderen Stellen dieses Buches.

**Methodik**

Um konkrete Aussagen zur Indikation und Aufgabenstellung treffen zu können, wurden für psychosoziale Betreuung aus dem vorliegenden Datenmaterial zwölf Gruppen erarbeitet.

Diese waren: die Begleitung in der neuen Lebenssituation, eine Betreuung bei psychischer Symptomatik, die Auseinandersetzung mit dem Thema Alter/Sterben/Tod, die Bereitstellung von Möglichkeiten zum Dialog, die Unterstützung bei Alltagsanforderungen, die Stimulation und Aktivierung, die Förderung der sozialen Integration, die Mobilitätsförderung, das Vorbeugen von Abbauerscheinungen, die Hilfe bei der Bewältigung akuter Krisen, Unterstützung bei demenziellen Erkrankungen und im Einzelfall die unterstützende Arbeit mit Angehörigen.

Fr. Koch identifizierte vorab drei für den Betreuungsprozess maßgebliche Variablen: das **Setting, die Beziehung HeimbewohnerIn/PraktikantIn und die jeweilige Intervention.**

**Ergebnisse**
- Das **Setting** ist von der jeweiligen Situation der HeimbewohnerInnen mitbestimmt und sowohl Ort als auch Zeit beziehungsweise Dauer der jeweiligen Betreuung müssen durch die PraktikantInnen individuell auf die Möglichkeiten und Bedürfnisse der jeweiligen HeimbewohnerInnen abgestimmt werden.
- Als sehr maßgeblich im Rahmen des Prozesses wurde die **Entwicklung der Beziehung** beurteilt. Schon die erste Kontaktaufnahme mit den HeimbewohnerInnen zeigte eine Bandbreite zwischen freudiger Aufgeschlossenheit gegenüber der Betreuung, über zögerliche Annahme derselben bis zur krassen Ablehnung. Wesentliche Herausforderung für die PraktikantIn ist daher generell, sich sensibel und vorsichtig auf die jeweilige Beziehungsrealität einzustellen, das jeweils von den HeimbewohnerInnen entgegengebrachte Kontaktangebot adäquat beantworten zu können und zwischen Abgrenzung und optimistischer Ausdauer einen Weg in eine Beziehung zu schaffen, die als tragfähige Basis für Interventionen zur Verfügung steht.
- Schon oder gerade auch in diesen ersten Begegnungen, ist daher bereits ein reflektierter und qualifizierter Umgang mit den jeweiligen Beziehungsangeboten der HeimbewohnerInnen erforderlich. Insgesamt hat die Betreuungsbeziehung für die HeimbewohnerInnen oft eine ganz besondere Bedeutung, da sie bei einsamen Menschen die einzig bestehende nahe Beziehung darstellen kann oder aber in den meisten Fällen zumindest zu den wenigen Beziehungen zählt, denen auch etwas „zugemutet" werden kann.
- Eine klare Aussage der vorliegenden Untersuchung ist, dass eine direkte

Zuordnung von Interventionen zu bestimmten Indikationen nicht getroffen werden kann. Vielmehr hat sich gezeigt, dass eine Indikationsstellung nur eine behelfsmäßige erste Einschätzung der Bedürfnislage der HeimbewohnerInnen und Art der erforderlichen Betreuung ergeben kann.

- Klar geht aus der Untersuchung auch hervor, dass die gerontopsychosoziale Betreuung ein extrem vielschichtiges Phänomen ist. Den PraktikantInnen öffnen sich in diesem Bereich im Laufe der Betreuungszeit viele Aspekte, aus denen Zielsetzungen entwickelt werden, die wiederum durch entsprechende Interventionen zu erreichen versucht werden. Je nach Verfassung und Kommunikationsfähigkeit der HeimbewohnerInnen wurden eher verbale oder nonverbale Techniken eingesetzt. Generell kann ausgesagt werden, dass das Gespräch einen entscheidenden Stellenwert in der Betreuung hatte, unabhängig davon, ob es in stützender, strukturierender oder aufdeckender/entlastender Weise eingesetzt wurde. In den meisten Fällen war ein variabler Einsatz von vielfältigen Techniken festzustellen. Nur selten beschränkten sich die PraktikantInnen auf eine eindimensionale Interventionstechnik, dies geschah meist nur bei sehr eingeschränkt aufnahmefähigen HeimbewohnerInnen.
- Der Fokus wurde je nach Bedarf der HeimbewohnerInnen auf die Vergangenheitsperspektive (Bewältigung, Rückschau), die Gegenwartsperspektive (Motivation, Anregung, Umgang mit dem Alltag und den daraus entstehenden Themen) oder auch die Zukunftsausrichtung (Auseinandersetzung mit dem Lebensende und bevorstehenden Tod) gesetzt.
- Auf der Ebene des Zugangs der betreuten Personen zum Angebot der Betreuung konnten drei wesentliche Bereiche herausgearbeitet werden, die für die Umsetzung von Interventionen entscheidend sein können. Dies sind einerseits zwischenmenschliche Begegnungen (emotionale Ebene), andererseits konkrete Aktivitäten (Verhaltensebene) oder aber die Auseinandersetzung der HeimbewohnerInnen mit Gedanken über Personen und Situationen (Reflexionsebene).

## 2. „Leben im Altersheim"
(Mag. Monika Haunderdinger, geb. Welkhammer; 2005)

Die im April 2005 an der Fakultät für Psychologie der Universität Wien eingereichte Arbeit von Mag. Monika Haunerdinger beschäftigt sich mit den *„Möglichkeiten und Grenzen psychosozialer Betreuung im Sanatorium Maimonides-Zentrum"*. Die Arbeit befasst sich in erster Linie mit der Analyse der psychosozialen Betreuung im Sanatorium Maimonides-Zentrum sowie mit der Einschätzung dieser Betreuung durch HeimbewohnerInnen und PraktikantInnen.

### Zielsetzung

Das Ziel der Arbeit ist „die Analyse vom Zusammenhang zwischen der psychosozialen Betreuung und demographischen, affektiven, kognitiven, physischen und sozialen Faktoren". Die zentrale Fragestellung ist, welche möglichen Auswirkungen die psychosoziale Betreuung auf die Lebenszufriedenheit der HeimbewohnerInnen hat. Dieser Fragestellung wurde durch eine Fragebogenerhebung bei den PraktikantInnen und mittels Interviews der HeimbewohnerInnen nachgegangen sowie durch Erhebung diverser objektiv messbarer Parameter, wie kognitiver Status und Depressionsstatus.

### Methodik

Dazu wurden vierunddreißig HeimbewohnerInnen im Laufe des Jahres 2004 befragt. Etwa 2/3 der Befragten waren weiblich. Über 80% der Befragten wohnten zum Zeitpunkt der Befragung im sogenannten *Elternheim;* dies ist der Teil des Sanatorium Maimonides-Zentrum, der für weitgehend selbstständige HeimbewohnerInnen betreute Wohneinheiten, aber noch nicht intensive stationäre Versorgung anbietet. Etwa ⅓ der Befragten lebten kürzer als achtzehn Monate im Sanatorium Maimonides-Zentrum, etwa 1/3 zwischen achtzehn Monaten und fünf Jahren, und ein weiteres Drittel der befragten Menschen lebte zum Zeitpunkt der Untersuchung bereits über fünf Jahre im Heim. Es wurden nur HeimbewohnerInnen befragt, deren MMSE-Score (Mini Mental State Examination, ein Screeningtest zur Erfassung des kognitiven Status) zum letzten gemessenen Zeitpunkt bei 17 Punkten oder darüber lag, dadurch wurden Menschen mit höhergradiger Demenz aus der Befragung ausgeschlossen.

Insgesamt neunzehn PraktikantInnen haben ebenfalls an der Untersuchung teilgenommen. Davon waren 84 % Frauen, das Durchschnittsalter der befragten PraktikantInnen lag bei vierzig Jahren.

Von allen Beteiligten wurden Hintergrundinformationen (Alter, Geschlecht, Bildungsniveau und Zivilstatus), soziale Funktionen, Lebensziele und die Einschätzung der psychosozialen Betreuung mithilfe eines selbst erstellten Interviewleitfadens für die HeimbewohnerInnen sowie eines Fragebogens für die PraktikantInnen ermittelt.

Die PraktikantInnen wurden darüber befragt, was sie gut beziehungsweise schlecht am Praktikum und der Betreuung für die HeimbewohnerInnen fanden. Ebenso wurde erfragt, was für sie hilfreich oder nicht ausreichend vorhanden war beziehungsweise welche Verbesserungsvorschläge die PraktikantInnen machen würden.

Die HeimbewohnerInnen wurden nach der Häufigkeit und Wichtigkeit sozialer Aktivitäten und Kontakte sowie nach ihrer Lebenszufriedenheit und ihrer Einschätzung zur psychosozialen Betreuung befragt.

**Ergebnisse**

Eine detaillierte Wiedergabe der umfangreichen Untersuchung würde über den Rahmen dieses Kapitels weit hinausgehen. Insgesamt können folgende Ergebnisse aus dieser Untersuchung abgeleitet werden, die besonders wichtig erscheinen:

- Als „gut an der Betreuung" wurde von fast der Hälfte der Befragten genannt, dass sie Möglichkeit für Gespräche und Aussprachen bietet. Weiters wurde die mobilisierende, zerstreuende oder auch Struktur gebende Qualität von Aktivitäten, das Interesse an der eigenen Person und die entstehende soziale Beziehung durch die Betreuung von den HeimbewohnerInnen als besonders positiv bewertet.
- Die Frage, was schlecht an der Betreuung sei, wurde in mehr als der Hälfte der Fälle mit „nichts" beantwortet. Insgesamt gab es von 23 Antworten nur drei Angaben über Negatives in der Betreuung: von zwei

der befragten Personen wurde dabei der Betreuerwechsel angesprochen, in einem Fall wurde Unpünktlichkeit als negativ an der Betreuung erwähnt.
- Auf die Frage an die HeimbewohnerInnen, für wen die Betreuung wichtig sei, lautete in der Mehrzahl der Fälle die Antwort: für einsame HeimbewohnerInnen mit wenig Kontakt, für vergessliche oder verwirrte Menschen oder für depressive, beziehungsweise unglückliche Menschen.
- Über die Hälfte der HeimbewohnerInnen fand nicht, dass etwas in der Betreuung fehlt. Interessanterweise gab es jedoch auch kaum Angaben darüber, in welchen Situationen die Betreuung besonders wichtig war oder in welchen Situationen mehr Betreuung gewünscht worden wäre.
- Zur Frage des Betreuerwechsels gab es bei mehr als der Hälfte der Befragten neutrale Reaktionen. Die anderen HeimbewohnerInnen berichteten jedoch (bis auf eine Person, die positive Erfahrungen damit verknüpfte) eher von negativen Aspekten beziehungsweise Erfahrungen. Die mit dem Wechsel der PraktikantInnen verbundenen Abschiede scheinen der hauptsächliche Kritikpunkt der HeimbewohnerInnen selbst am Praktikum zu sein.
- Dies wurde auch von den PraktikantInnen ähnlich bewertet: Darüber befragt, was ihrer Einschätzung nach negativ am Praktikum für die HeimbewohnerInnen sei, wurde in circa einem Drittel der Fälle der Wechsel der PraktikantInnen, in einem weiteren Drittel „zu wenig Zeit für Betreuung" genannt. Offensichtlich lässt der erlebte Betreuungsbedarf hier leicht das Gefühl entstehen, vor allem für die HeimbewohnerInnen außerhalb der Einzelbetreuung, bei aller Bemühung nicht ausreichend Zeit zur Verfügung stellen zu können.
- Auf die Frage, was gut an diesem Praktikum sei, erhielt man in mehr als der Hälfte der Fälle (knapp 60%) positives Feed-back zur Leitung des Praktikums. Sehr häufig wurden auch die Struktur des Praktikums und der kollegiale Austausch positiv bewertet (je ca. 40%). Auch die Möglichkeit, Erfahrung im Umgang mit älteren Menschen sammeln zu können und eigenverantwortlich zu arbeiten, wurde von vielen als sehr positiv bewertet.
- Negative Bewertungen der Praktikumsstelle schienen in erster Linie individuelle Einzelaussagen zu sein, die sich zum Beispiel auf den Tä-

tigkeitsbereich selbst, die Dokumentation, die Supervision oder auch Zeitmangel bezogen. Als Verbesserungsvorschläge wurden verstärkte interdisziplinäre Zusammenarbeit und der Wunsch nach mehr Zeit genannt.
- Insgesamt haben die PraktikantInnen das Praktikum als sehr zufriedenstellend beurteilt.

**Besonders wichtig erscheinen folgende übergeordnete Aussagen aufgrund der Auswertung des Datenmaterials dieser Untersuchung:**

- Je geringer die affektiven Beeinträchtigungen, beziehungsweise je höher die Häufigkeit sozialer Kontakte der HeimbewohnerInnen waren, desto höher war die Lebenszufriedenheit.
- Die Untersuchung zeigte deutliche Hinweise auf einen Zusammenhang zwischen kognitiven Beeinträchtigungen und einer niedrigen Häufigkeit, beziehungsweise auch niedriger eingeschätzter Wichtigkeit von sozialen Kontakten.
- Es war ein Trend zu sehen, dass die Wichtigkeit sozialer Kontakte mit der Dauer des Heimaufenthaltes steigt.

**All diese Aussagen legen nahe, dass umfassende psychosoziale Betreuung als Form zufriedenstellender sozialer Kontakte gerade bei alten Menschen in Institutionen einen wesentlichen Faktor zur Erreichung beziehungsweise Sicherung von Lebenszufriedenheit und Lebensqualität darstellen kann.**

3. „Wirkfaktoren eines gerontopsychosozialen Betreuungskonzeptes im Sanatorium Maimonides-Zentrum aus Sicht der HeimbewohnerInnen" (Diplomarbeit derzeit in Erstellung; Martina Hopfner; 2006)

Im Rahmen meiner Diplomarbeit zum Abschluss des Studiums der Pflegewissenschaft an der Universität Wien soll untersucht werden, welche Faktoren in der Betreuung diese zu einem positiven beziehungsweise negativen Erleben für die betreuten HeimbewohnerInnen werden lassen. Dieser Fragestellung soll mittels Interviews der betreuten Personen nachgegangen werden. Die geplante Arbeit soll sich mit dem subjektiven Erleben der Betreuungstätigkeit durch die betreuten Personen auseinandersetzen. Der Fokus der Arbeit liegt dabei auf dem prinzipiellen Erleben, nicht auf der konkreten Situation der einzelnen Personen.

Als positive Aspekte wurden in den von mir geführten Gesprächen von den befragten HeimbewohnerInnen unter anderem folgende genannt: Jemanden zum Reden haben, Konstanz und sich auf jemanden verlassen können, Abwechslung erleben, von jemandem begleitet auch etwas mehr unternehmen können als alleine, sich über persönliche Dinge unterhalten können, Nähe in der Beziehung erleben. Die Abschiede wurden teilweise als schwierig erlebt, können aber auch durch die entstehende Abwechslung der Themen und Inhalte der Gespräche als wohltuend empfunden werden.

Die Arbeit befindet sich noch in einer frühen Phase der Durchführung, soviel kann jedoch vorerst schon gesagt werden: die im Rahmen der ersten Gespräche gesammelten Informationen bestätigen die in den bisher durchgeführten Studien erhobenen Ergebnisse.

**Resümee**

Im Rahmen der vorliegenden Untersuchungen über das Böhmer-Laufer Psychosoziale Praktikum wurde gezeigt, dass die gerontopsychosoziale Betreuung ein extrem vielschichtiges Phänomen ist. Eine direkte Zuordnung von Interventionen zu bestimmten Indikationen kann nicht getroffen werden. Das Gespräch hat einen entscheidenden Stellenwert in der Betreuung, unabhängig davon, ob es in stützender, strukturierender oder aufdeckender/entlastender Weise eingesetzt wird. Je geringer die affektiven Beeinträchtigungen beziehungsweise je höher die Häufigkeit sozialer Kontakte der HeimbewohnerInnen, desto höher scheint insgesamt die Lebenszufriedenheit zu sein. Somit kann unter anderem auch die psychosoziale Betreuung im Sanatorium Maimonides-Zentrum durch das Böhmer-Laufer Psychosoziale Praktikum einen wesentlichen Beitrag leisten, die Lebensqualität der betreuten HeimbewohnerInnen zu steigern, beziehungsweise den Rückgang dieser Lebensqualität durch Isolation zu vermeiden.

**Autorin:**

**Martina Hopfner**

diplomierte MTA

Psychotherapeutin in Ausbildung unter Supervision
(Personenzentrierte Psychotherapie)

Studium der Pflegewissenschaft an der Universität Wien seit 2003

## XXV. Ausblick

Wir glauben, dass unser Modell eine Vorreiterrolle bei der Etablierung angemessener und erprobter gerontopsychosozialer Betreuungsstandards in Altenheimen übernehmen kann. Wovon alle, die in Altenheimen leben und arbeiten, profitieren.

Dies gilt allerdings nur, wenn folgende Bedingung erfüllt ist: Eine Praktikumsstelle muss in die organisatorischen Abläufe eines Altenheims integriert sein. Nur wenn sie einen fixen Bestandteil der Organisation Altenheim darstellt, können alle beteiligten Berufsgruppen, also PraktikantInnen, ÄrztInnen, PflegerInnen et cetera, zusammenarbeiten und ihre Maßnahmen gezielt aufeinander abstimmen. Isolierte – wie gut auch immer gemeinte – Schritte können im Einzelfall nützlich sein. Wenn jedoch die eine Hand nicht weiß, was die andere tut, sind sie im besten Fall nicht so hilfreich, wie sie sein könnten. Im schlechtesten Fall sogar kontraproduktiv.

Und auch nur dann können die angehenden TherapeutInnen sinnvoll arbeiten und ein Verständnis ihrer Arbeit entwickeln, das weit über das einer Unterhalterin oder Gesellschafterin hinausgeht.

Es ist bedauerlich, dass Gerontologie und Gerontopsychotherapie in Österreich an Universitäten und außeruniversitären Ausbildungseinrichtungen noch ein Stiefkinddasein führen. Wer wissen will, wie man alte Menschen kompetent betreut, ist weitgehend auf seine Eigeninitiative angewiesen. Bisher ist gerontologisches, gerontopsychiatrisches und gerontopsychotherapeutisches Wissen in kaum einem Lehrplan zu finden.

Die immer noch vorherrschende „Gerontophobie" bei ÄrztInnen und PsychotherapeutInnen führt dazu, dass kaum jemand weiß, wann ein alter

Mensch psychotherapeutischer Hilfe bedarf. Ganz zu schweigen davon, dass es ausgesprochen schwierig ist, eine kompetente TherapeutIn zu finden, die sich älterer Menschen annimmt – das muss sich ändern.

Praktikumsstellen, wie die hier vorgestellten, sind leider nicht die Regel – und sie müssen es bleiben, solange nicht ein neues Denken in der Gesellschaft Platz greift. Ein Denken, dass psychosoziale Betreuung und Psychotherapie alter Menschen nicht länger als teuren Luxus, sondern als menschenwürdige Selbstverständlichkeit versteht.

Denn das Recht auf Selbstbestimmung darf nicht an das Lebensalter gebunden sein. Und Selbstbestimmung darf keine Frage des Geldbörsels sein. Dass heißt natürlich auch, dass finanzielle Ressourcen zur Verfügung gestellt werden müssen. Hier sind Politik und Wirtschaft gefordert.

Dass es dabei nicht um das Verschwenden knapper finanzieller Ressourcen gehen darf, ist klar. Ebenso wie die Tatsache, dass es in Österreich in Zukunft immer mehr alte Menschen geben wird. Damit steht unsere Gesellschaft vor folgender Entscheidung: Stecken wir immer mehr Geld in die Folgen einer unzureichenden Betreuung alter Menschen oder reduzieren wir die dazu notwendigen Aufwendungen, indem wir einer solchen Entwicklung vorbeugen? Wir sind überzeugt: Wir müssen lernen, die Betreuung alter Menschen unter dem Aspekt der Investition zu sehen und nicht unter jenem der Kosten. Wenn schon nicht aus ethischen, dann aus ökonomischen Gründen.

Ein Wort zum Schluss an all jene, die mit alten Menschen arbeiten: Setzen Sie Ihre sinnvolle Arbeit fort! Bilden Sie sich weiter, lernen Sie dazu! Und last, but not least: Sprechen Sie mit anderen Menschen, die sich ebenso wie Sie alten Menschen widmen – auch mit solchen aus anderen Berufsgruppen. Tauschen Sie mit ihnen Erfahrungen aus und lernen Sie voneinander.

## Danksagung

Wir möchten uns an dieser Stelle ausdrücklich bei all jenen Menschen bedanken, die uns in unserer Arbeit unterstützt haben.

Vor allem bei den HeimbewohnerInnen vom Sanatorium Maimonides-Zentrum und vom Haus Theaterpark, die uns für zahlreiche Gespräche und Untersuchungen ihre Zeit geschenkt haben.

Sie waren es, die uns in der langjährigen Tätigkeit in diesem Berufsfeld mit manchen Krisen und Belastungen immer wieder durch ihr So-Sein ermuntert und ermutigt haben, dass unsere Tätigkeit ein wertvoller Beitrag in ihrem Leben im Heim darstellt.

Ebenso danken wir unseren PraktikantInnen, die uns ihr Vertrauen in der Führung und Anleitung geschenkt haben und uns stets mit wertschätzender Kritik unterstützt haben. Vor allem bei Frau Mag. Elisabeth Poisinger, die uns einen vollständigen Bericht ihrer Betreuungstätigkeit überlassen und Korrektur gelesen hat, und bei Frau Mag. Tina Binder, die ebenfalls dieses Buch mit einer Falldarstellung bereichert hat.

Wir bedanken uns auch bei Herrn Gregor Herzog und Frau Maria Theresia Radl vom Haus Theaterpark, die uns von Anfang an willkommen geheißen haben, sowohl beim Entstehen dieses Buches, als auch bei unserer täglichen Arbeit, und die ebenfalls wertvolle Beiträge beigesteuert haben.

Wir bedanken uns bei Frau Patricia Kahane, Herrn Dr. Heinrich Schmidt und bei Frau Dr. Anneliese Schigutt, die all unsere Bestrebungen um die Betreuung von alten Menschen stets förderten und unterstützten.

Wir bedanken uns bei Herrn Dr. Oppolzer, der die ersten Impulse zu diesem Buch gegeben hat.

Wir bedanken uns bei Frau Mag. Mona Haunerdinger, die mit ihrem Beitrag ein profundes Leistungsprofil der Praktikumsstellen lieferte, sowie bei Frau Martina Hopfner, die mit ihrem Beitrag einen Überblick über unsere Arbeit geschaffen hat.

Wir bedanken uns bei unseren Partnern, Kindern und Freunden, die uns emotional über die Hürden beim Schreiben hinweggeholfen haben.

Last, but not least bedanken wir uns bei Dieter und Nora, die uns für die Vollendung dieses Buches ihr wunderbares Haus im Weinviertel überlassen haben.

# Die Autorinnen

**Elisabeth Grünberger**
Psychotherapeutin
Traumatherapeutin (EMDR)
Supervisorin
Coach
Akademische Gerontologin
Diplomierte Physiotherapeutin
Tanz- und Ausdruckstherapeutin
**www.elisabeth-gruenberger.at**
elisa@elisabeth-gruenberger.at

**Alexandra Löw-Wirtz**
Psychotherapeutin
(Katathym-Imaginative Psychotherapie)
Diplomierte Mediatorin
Lebens- und Sozialberaterin
Supervisorin
Coach
**www.psychotherapie.wirtz.at**
office@wirtz.at

**Gestaltung des Buchcovers:**
Barbara Peyer
BAPeyer Werbung & Produktion
www.bapeyer.at

# Literaturangaben

Amery, J. (1968): Über das Altern. Revolte und Resignation. Stuttgart: Klett-Cotta

Badelt, C. / Holzmann-Jenjins, A. / Matul, C. / Österke, A. / Czega, B. (1997): Analyse der Auswirkungen des Pflegevorsorgesystems, Forschungsbericht, Bundesministerium für Arbeit, Gesundheit und Soziales, Abteilung IV /1 (Hg. Verl.) Wien

Baltes, B. P. / Mayer, K. U. (Hrsg.) (1999): Die Berliner Altersstudie. Akademie Verlag, Berlin

Baumann, U. / Perrez, M. (Hrsg.) (1998): Lehrbuch Klinische Psychologie – Psychotherapie. Huber; Berlin

Breuer, F. (1979): Psychologische Beratung und Therapie in der Praxis. Heidelberg

Buijssen /Hirsch (1997): Probleme im Alter. Beltz; Weinheim

Bundesministerium für Umwelt, Jugend und Familie (1997): Forschungsprojekt Beratung – Psychotherapie. Wien

Christen, C. (1989): Wenn alte Eltern pflegebedürftig werden. Kritische Bestandsaufnahme, Lösungsansätze und Empfehlungen für die Pflege alter Eltern in der Familie. Haupt, Bern; Stuttgart

Claremont de Castillejo, I. (1979): Die Töchter der Penelope. Elemente des Weiblichen. Walter; Olten

Cummings, J. L. Mega, M., Gray, K, Rosenberg-Thompson, S., Carusi, D. A. & Gornbein, J. (1994). The Neuropsychiatric Inventory: comprehensive assessment of psychopathology in dementia. Neurology 44, S. 2308–2314.

Dal-Bianco, P. (2004): Demenz: Differenzialdiagnostik und Biomarker. CliniCum psy 04/2004.

Deutscher Arbeitskreis für Jugend-, Ehe- und Familienberatung (1985): Gemeinsame Grundsätze zum Verständnis von Jugend-, Ehe- und Familienberatung. Unterföhring: Unveröffentlichte Broschüre

Dietrich, G. (1991): Allgemeine Beratungspsychologie. Eine Einführung in die psychologische Theorie und Praxis der Beratung. Hofgrefe; Göttingen

Dorenberg-Kohmann, B., Moeser-Janke, F. & Schall, T. U. (1994): Beratungsführer. Die Beratungsstellen in Deutschland – ihre Leistungen, ihre Träger, ihre Anschriften. Bonn: Bundesministerium für Familie und Senioren

Ehrhardt, T. & Plattner, A. (1999): Verhaltenstherapie bei Morbus Alzheimer. Göttingen: Hofgrefe-Verlag.

Ermini-Fünfschilling, D. (1992): Die therapeutischen Möglichkeiten eines Gedächtnistrainings in den Anfangsstadien einer senilen Demenz. In Alzheimer-Gesellschaft München (Hrsg.). Der demenzkranke ältere Mensch zu Hause und im Heim. Alzheimer-Gesellschaft. München

Erzigkeit, H. (2001): SKT: Kurztest zur Erfassung von Gedächtnis- und Aufmerksamkeitsstörungen. Manual. 24., vollständig überarbeitete Auflage. Erlangen: Geromed GmbH.

Faust, V. (1999): Depressionen erkennen und verstehen, betreuen, behandeln und verhindern. Stuttgart: Hirzel.

Feil, N. (1992): Validation. Ein neuer Weg zum Verständnis alter Menschen. Wien: Altern und Kultur Verlag.

Folstein, M. F., Folstein, S. E. & McHugh, P. R. (1975): „Mini Mental State": a practical method for grading the cognitive state of patients for the clinican. Journal of psychiatric research, 32, pp. 632–637 und S. 189–198

Frank, J. D. (1981): Die Heiler. Wirkungsweisen psychotherapeutischer Beeinflussung. Vom Schamanismus bis zu den modernen Therapien. Klett-Cotta; Stuttgart

Friedan, B. (1997): Mythos Alter. Rowohlt Hamburg

Gatterer, G. (1990): Alters-Konzentrations-Test (AKT). Göttingen: Hofgrefe.

Gatter, G. (2002): Geistig fit ins Alter: neue Gedächtnisübungen für ältere Menschen. Wien: Springer.

Gatter, G. (2004): Geistig fit ins Alter 2: neue Gedächtnisübungen. Wien: Springer.

Grünberger, E. (2001): Von der psychosozialen Beratung zur Psychotherapie im Alter – Abschlussarbeit an der Karl-Franzens-Universität Graz

Guttmann. N.(2006): Klinische Psychologie in der Gerontologie – in: Geriatrie heute, Eigenverlag, Graz

Haller, M. (1999): Die Demographie des Alters. Vortrag im Rahmen des Universitätslehrgangs Interdisziplinäre Gerontologie, Karl-Franzens-Universität Graz

Hamilton, M. (1960): Hamilton Depression Scale. A rating scale for depression. Journal of Neurology Neurosurgery and Psychiatry 23, S. 56–62.

Hautzinger, M. / Bailer, M. (1993): Allgemeine Depressionsskala. Beltz. Weinheim [Zitiert nach Welkhammer, 2005]

Havighurst, R. J. (1963): Succesful aging. In: C. Tibbits & W. Donahue (Eds.), Processes of aging (pp. 299–320). Williams. New York [Zitiert nach Welkhammer, 2005]

Heuft, G. Teising M. (1999): Alterspsychotherapie – Quo vadis? Westdeutscher Verlag; Wiesbaden

Heuft, G. / Kruse, A. / Radebold, H. (2000): Lehrbuch der Gerontopsychosomatik und Alterspsychotherapie. Reinhardt; München-Basel

Hill, R. D., Yesavage, J. A., Sheikh, J. & Friedman, L. (1989): Mental status as a predictor of response to memory training in older adults. Educational Gerontology 15, S. 633–639.

Hirsch, R. D. (1990): Psychotherapie im Alter – geht das noch? Zeitschrift Psychologie Heute 02/90; Bonn

Hirsch, R. D, H. Radebold (1993): Altern und Psychotherapie, Huber; Göttingen

Hirsch, R. D. (1999): Psychotherapie kennt keine Altersgrenzen. Neuropsychiatrische Nachrichten 05/99; Bonn

Hopfner, M. (2006): Gerontopsychosoziale Betreuung in Institutionen: Wirkung und Wirkfaktoren eines gerontopsychosozialen Betreuungskonzeptes im Sanatorium Maimonides-Zentrum aus der Sicht der Betreuten (Arbeitstitel), Universität Wien

Ihl, R. & Grass-Kapanke, B. (2000): Test zur Früherkennung von Demenzen mit Depressionsabgrenzung – Manual. Libri Books on Demand.

Jacquemont, S., Randi, J., Hagerman, M. D; Maureen A., Deborah, A., et al. (2004): Penetrance of the Fragile X–Associated Tremor/Ataxia Syndrome in a Premutation Carrier Population. JAMA 291 S. 460–469.

Jung, C. G. (1930): Die Dynamik des Unbewussten, Band 8, 6. Auflage 1971, Walter; Olten

Kalbe, E., Kessler, J., Smith, R., Bullock, R., Fischer, L. & Calabrese, P. (2002): The DemTect (R): a very sensitive screening instrument for mild dementia. European Psychiatry 17 (Suppl. 1), S. 131.

Kalousek, M. (2004): Kurzfassungen/Abstracts der 3. Tagung der ÖGGG, Wien: Die nicht pharmakologische Therapie der Alzheimer-Demenz. Geriatrie Praxis 05/2004.

Kalousek, M. (1999): Im Spannungsfeld der Psychiatrie/Psychotherapie in der Behandlung mit älteren und alten Menschen. Vortrag im Rahmen der Tagung „Die Seele zum Lächeln bringen". Wien

Kämmer, K. (2006): Pflege Demenzkranker – in: Die Schwester/Der Pfleger, Fachzeitschrift für Pflegeberufe 08/06, Bibliomed, Melsungen (D)

Kasten, E. (2000): Übungsbuch Hirnleistungstraining. Dortmund: Verlag modernes Lernen.

Kasten, E. (1996): Lesen, merken und erinnern. Dortmund: Verlag modernes Lernen.

Katz, S. C., Ford, A. B., Moskowitz, R. W., Jackson, B. A. & Jaffe, M. W. (1963): Studies of illness in the aged. The index of ADL: A standardized measure of biological and psychosocial functioning. Journal of the American Medical Association, 185 (12), pp. 914–919. [Zitiert nach Welkhammer, 2005]

Koch, G. (1999): Untersuchung der gerontopsychosozialen Betreuungstätigkeit im Rahmen des Böhmer-Laufer Psychosozialen Praktikums. Qualitative Analyse der Betreuungsdokumentation hinsichtlich des gerontopsychosozialen Betreuungsprozesses. Unveröffentlichte Studie im Auftrag des Vereins zur wissenschaftlichen Forschung auf dem Gebiet der Gerontopsychotherapie. Wien

Kytir, J.: Alter und Pflege – eine demografische „Zeitbombe". In: Kytir, Josef / Münz, Rainer (Hg.)(1992): Alter und Pflege: Argumente für eine soziale Absicherung des Pflegerisikos. Blackwell, Berlin

Lehrl, S. (1989): Mehrfachwahl-Wortschatz-Intelligenztest (MWT-B) zur Ermittlung der prämorbiden Intelligenz. Erlangen: Perimed Verlag.

Ludewig, K. (1991): Grundarten des Helfens. Ein Schema zur Orientierung der Helfer und der Helfer der Helfer. In: Brandau, H. (Hrsg.): Supervision aus systemischer Sicht,: Otto Müller; Salzburg

Luksch, C. (2004): Delir oder doch Demenz? Geriatrie Praxis 01/2004

Mahoney R. I. & Barthel D. W. (1965): Functional evaluation. The Barthel Index. Maryland State Medical Journal 14, S. 61–65.

McKeith, I. G., Galasko, D., Kosaka, K. et al. (1996): Consensus guidelines for the clinical and pathologic diagnosis of dementia with Lewybodies (DLB): Report of the consortium on DLB international workshop. Neurology 47. S. 1113–1124.

Mentzos, St. (1988): Interpersonale und institutionalisierte Abwehr, Suhrkamp; Frankfurt

Meyer, T. (1993): Eine Kultur für eine Gesellschaft, die älter wird. In: Klose, H. (Hrsg.) Altern der Gesellschaft, Antworten auf den demographischen Wandel. Bund-Verlag; Köln

Morris, J. C., Heyman, A., Mohs, R. C. et al. (1989): The consortium to Establish a Registry for Alzheimer's Disease (CERAD). Part I. Clinical and neuropsychological assessment of Alzheimer's disease. Neurology, 39, S. 1159–1165.

Oswald, W. D. & Fleischmann, U. M. (1995): Nürnberger-Alters-Inventar. Göttingen: Hofgrefe.

Oswald, W. D. & Roth, E. (1987): Der Zahlen-Verbindungs-Test (ZVT). Göttingen: Hogrefe.

Oppolzer, U. (1998): Hirntraining mit ganzheitlichem Ansatz. Grundlagen, Anregungen und Trainingsmaterial für Gruppenleiter und Dozenten. Dortmund: Borgmann Publishing.

Perneczky, R. G. (2004): Kurze kognitive Tests: Validierung dreier neuropsychologischer Werkzeuge in der Diagnostik der leichten kognitiven Beeinträchtigung und der leicht- bis mittelgradigen Demenz bei Alzheimer-Krankheit. Dipl. München.

Petersen, R. C., Smith, G. E., Waring, S. C. et al. (1999): Mild cognitive impairment: clinical characterization and outcome. Archives of Neurology 56(3). S. 303–308.

Pfeffer, R. (1980): Konzepte psychoanalytisch orientierter Beratung. Psyche, 34 (1), S. 1–23

Poisinger, E. (2005): Themenkreis Demenzielle Erkrankungen. Abschlussarbeit Universitätslehrgang zum Klinischen- und Gesundheitspsychologen. Wien

Pretat, J., R. (1996): Dem Alter entgegenreifen. Chancen einer Übergangszeit. Walter; Zürich, Düsseldorf

Psychotherapiegesetz (1991): Bundesgesetz vom 7. Juni 1990 über die Ausübung der Psychotherapie. BGBl. 361/1990. Wien.

Reisberg, B., Borenstein, J., Salob, S. P., Ferris, S. H., Franssen, E. & Georgotas, A. (1987): Behavioral symptoms in Alzheimer's disease: phenomenology and treatment. Journal of Clinical Psychiatry 48, S. 9–15.

Rexilius, G. & Grubitzsch, S. (Hrsg.) (1981): Handbuch psychologischer Grundbegriffe. Rowohlt; Reinbeck

Rogers, C. R. (1972): Die nicht-direktive Beratung. Reinhardt; München

Rogers, C. R. (1994): Die nicht-direktive Beratung. Fischer; Frankfurt

Rogers, C. R. (1998): Entwicklung der Persönlichkeit. Klett-Cotta. Stuttgart

Romero, B. & Eder, G. (1992): Selbst-Erhaltungs-Therapie (SET): Konzept einer neuropsychologischen Therapie bei Alzheimer-Krankheit. Zeitschrift für Gerontopsychologie und -psychiatrie 5, S. 267–282.

Rosen, W. G., Mohs, R. C. & Davis K. L. (1993): Alzheimer's disease assessment scale: ADAS. deutschsprachige Bearbeitung von Rosen et al. Beltz-Test.

Rosenmayr, L. (1996): Altern im Lebenslauf. Soziale Position, Konflikt und Liebe in den späten Jahren; Vandenhoeck & Ruprecht; Göttingen, Zürich

Roth, M., Huppert, F. A., Tym, E. & Mountjoy, C. Q. (1994): CAMDEX – Cambridge Examination for Mental Disorders of the Elderly – deutsche Ausgabe, übersetzt von Hillig, A. Cambridge University Press.

Rux, S. (2004): Alzheimer: Das Gesamtkonzept optimiert den Erfolg. geriatrie praxis 02/2004.

Schmidl, H. & Trummer, U. (Hg.) (2000): Älter werden in den Großstädten. Reviews zu: Soziale Isolation, Demenz, Sicherheit. Projekt Mégapoles – Das Netzwerk der Hauptstädte der Europäischen Union zur Gesundheitsförderung und Prävention. Wien: MA-L.

Seubert, H. (1993): Zu Lasten der Frau – Benachteiligung von Frauen durch die Pflege alter Eltern. Centaurus; Pfaffenweiler

Simon, G. / Haring, S. (1999): Altern als Herausforderung, Band 1, Soziale Teilhabe und Integration älterer Menschen. Leykam; Wolfsberg

Shulman, K., Shedletsky, R. & Silver, I. (1986): The challenge of time. Clock drawing and cognitive function in elderly. International Journal of Geriatric Psychiatry, 1, S. 135–140.

Slunecko, T. (1994): Plädoyer für einen Grundlagendiskurs in der Psychotherapieforschung. Psychotherapie Forum, 2, 128–136.

Sonneck, G. (Hrsg.) (1989): Der Krankheitsbegriff in der Psychotherapie. Facultas; Wien

Sonneck, G. (Hrsg.), Hochgerner, M. (1996): Anwendungen der Psychotherapie, Band 3, Psychosoziale Interventionen. Facultas; Wien

Statistik Austria (2002): Statistisches Jahrbuch Österreichs 2002. Wien: Verlag Österreich GmbH.

Stoiser, E. (2006): Das Bio-Psycho-Soziale Modell in der Betreuung älterer Patienten – in: Geriatrie heute, Eigenverlag, Graz

Stumm, G. / Pritz, A. (Hrsg.) (2000): Wörterbuch der Psychotherapie. Springer; Wien

Tausch, R./ Tausch, A. M. (1990): Gesprächspsychotherapie. Hofgrefe; Göttingen

Tausch, R. / Tausch, A. M. (1998): Erziehungspsychologie. Hofgrefe; Göttingen

Teising, M. (1999): Psychodynamische Aspekte in Pflegebeziehungen. In Heuft, G. / Teising, M. (Hrsg.) Alterspsychotherapie – Quo vadis? Westdeutscher Verlag; Opladen

Teising, M. (Hrsg.) (1998): Altern: Äußere Realität. Innere Wirklichkeiten. Westdeutscher Verlag; Opladen

Tschirge, U. / Grüber-Hrcan, A. (1999): Ästhetik des Alters. Kohlhammer; Stuttgart

Weitzel-Poltzer, E. (Hrsg.) (1987): Therapie. Kartei praktischer Vorschläge zur psychosozialen Therapie mit verwirrten alten Menschen. Hannover: Curt Vincentz Verlag

Welkhammer, M. (2005): „Leben im Altersheim – Möglichkeiten und Grenzen Psychosozialer Betreuung im Maimonides-Zentrum". Unveröffentlichte Diplomarbeit. Universität Wien

Winnicott, D. W. (1971): Playing and reality. Basic Books; New York

Yesavage, J. T., Brink, T., Rose, O., Lum, V., Huang, M., Adex, L. von Otto (1983): Development and validation of a geriatric depression screening scale: a preliminary report. Journal of Psychiatry, Res. 17, 37 – 49.

Zaudig, M., Mittelhammer, J., Hiller, W. (1989): Strukturiertes Interview für die Diagnose der Demenz vom Alzheimer-Typ, der Multiinfarkt-Demenz und Demenzen anderer Ätiologie nach DSM-III-R und ICD 10. Manual. Logomed; München